SOURCES DES EAUX MINÉRALES
DE
BULLY-LES-BAINS
Par L'ARBRESLE (Rhône)
A 27 kilomètres de Lyon, gare Saint-Paul

LONDRES 1888, HORS CONCOURS

3 Médailles d'Or & 2 Médailles d'Argent aux Expositions
De Paris 1886 — Lyon 1886 — Le Havre 1886
Boulogne-sur-Mer 1887
Académie nationale 1888 — Exposition universelle Paris 1889
6 Grands Diplômes d'honneur

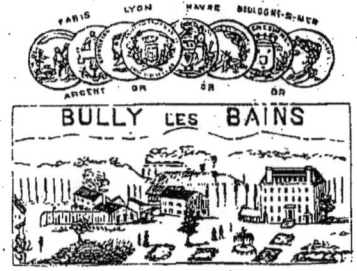

Vue de l'Etablissement

PRIX : 2 FRANCS

BESANÇON
IMPRIMERIE ET LITHOGRAPHIE F. RAMEAUX-MAYET
1891

EAUX MINÉRALES

DE

BULLY-LES-BAINS-SUR-L'ARBRESLE

(RHONE)

INTRODUCTION

Lorsque le professeur Gubler traça, il y a quelques années, à la Faculté de Paris, le magnifique parallèle des eaux minérales de France et d'Allemagne, parallèle tout à l'avantage de notre pays, ce savant thérapeutiste termina sa harangue, en recommandant surtout aux hydrologistes français ces sources excellentes à peine connues ou injustement délaissées, placées sur notre territoire, alors que beaucoup d'autres sources, souvent médiocres, jouissent, en Allemagne, d'une vogue véritablement imméritée!

En effet, nulle contrée du globe, pour ceux qui, comme nous, ont eu le bonheur de les visiter presque toutes, ne surpasse la richesse de la France en eaux minérales naturelles; car il n'est pas d'années, pour ainsi dire, où l'on n'y découvre de nouvelles sources d'une variété, d'une puissance, d'une abondance souvent incomparables!

Parmi les eaux minérales naturelles, récemment

découvertes en France, nous nous proposons d'étudier et de faire connaître ici les sources de Bully-sur-l'Arbresle (Rhône), petite commune située à la porte de Lyon, et qui appartient en principe à la classe des eaux ferrugineuses.

Mais si les eaux ferrugineuses sont peut-être les plus nombreuses en France, quelques-unes seulement se distinguent de la foule par des qualités qui les rendent efficaces au plus haut degré.

De ce nombre sont celles de Bully, qui non seulement sont ferrugineuses, fortement azotées et carbonatées-sodiques, mais encore sulfurées et arsénicales, qualités qui les rapprochent de celles si vantées de Sylvanès dans l'Aveyron, de Kissinguenn, Carslebad, Ems.

La tradition nous montre d'ailleurs, par l'analyse de la source Thérèse, déjà répandue dans le public comme eau de table, l'efficacité des eaux de Bully, contre l'anémie, la chlorose, le lymphatisme, la scrofule et la phthisie pulmonaire au début, les maladies utérines, ainsi que dans d'autres affections générales particulières ou constitutionnelles, dont nous nous attacherons plus loin à décrire les indications spéciales, Vilbad, Baden-Baden, Niederbronn, Bouloy-de-Forges, Luxeuil, Bourbon-Larchambaud, Pougues, Chatel-Guyon, Royat, etc.

Elles ressemblent à toutes ces eaux renommées, elles se ressemblent à elles-mêmes.

PREMIÈRE PARTIE

PROPRIÉTÉS & CURES DES EAUX

DESCRIPTION SOMMAIRE

Il a été découvert récemment à Bully, près l'Arbresle (Rhône), des sources d'eau minérale d'une efficacité extraordinaire dans un certain nombre de maladies.

Ces eaux ont des titres de noblesse, puisqu'elles ont été employées par les Romains, comme le prouvent les nombreuses médailles trouvées dans la piscine. Ces médailles sont des *ex-voto* offerts à la Nymphe des eaux par les malades guéris et reconnaissants.

Leur composition explique leurs propriétés et leurs vertus :

Elles renferment, dans une heureuse proportion, de l'*arsenic*, de l'*arséniate de fer*, du *phosphate de chaux*, du *soufre*, de l'*azote* (1), etc.

(Voir ci-après les analyses de quelques sources.)

Elles sont donc **reconstituantes**, et RÉGÉNÉRATRICES, dans l'*épuisement*, l'*amaigrissement*, la *chlorose*, l'ané-

---

(1) L'azote en fait une eau ou plutôt un médicament à part. Ce gaz, à l'état de *protoxyde d'azote*, a été étudié et employé dernièrement en dissolution dans l'eau, par MM. Limousin et Desmarquay, chimistes distingués, et, en Allemagne, par les professeurs Schutzemberger et Ritter, et ces messieurs ont constaté qu'il produit sur l'économie une action *stimulante* et *apéritive* très marquée, en même temps qu'une action diurétique; que cette eau oxyazotée a une influence sensible sur les poumons, où elle facilite et complète l'hématose du sang. Aussi l'emploie-t-on dans la chlorose, le diabète, la gravelle urique, les rhumatismes.

Dr Paul LABARTHE.

mie, spécialement celle qui étiole les enfants dans les grandes villes et trouble souvent, chez les jeunes filles, l'évolution de la nubilité (docteur L'Allour).

Elles sont **dépuratives** et heureusement modificatrices dans les affections qui dérivent du *scrofulisme* et de l'*herpétisme* (les maladies de la peau, les *ulcères diathésiques*, les *catarrhes* et même la *phtisie torpide* au début.

Elles sont **apéritives,** en stimulant les fonctions de la nutrition, et elles suffisent très souvent à guérir les *dyspepsies*, l'*atonie intestinale*, notamment la *constipation* (D^r L'Allour).

On les emploie avec succès aussi dans les névroses, la *métrite chronique*, les *engorgements de la rate et du foie*, la *goutte atonique*, le *diabète*, l'*albuminerie*.

Ces sources, dont la *renaissance* date à peine de quelques années, ont déjà dans leurs annales des *cures brillantes*. Aussi avons-nous la satisfaction de voir guérir, à Bully, un bon nombre d'*affections chroniques* rebelles, telles que eczémas scrofuleux, ulcères, lupus, etc., qui dépendent d'un état diathésique que nos eaux ont la puissance de modifier.

Ces eaux n'ont aucun goût prononcé. Elles renferment leurs principes médicinaux si bien dissous, qu'elles ne déposent pas et se conservent sans altération; les analyses seules en montrent la richesse. Elles ont été éprouvées à l'exposition de Vienne et elles ont mieux répondu à l'électrolyse que les eaux célèbres de Kissingen, de Carlsbad et de Wiesbaden.

Il y a de nombreuses sources, dont les principales sont la Thérèse, la Barthélemy, eau de table, la source Intermittente purgative, la source Sainte-Marie, pour les plaies intérieures et extérieures, la source Mathieu-César, pour boissons et bains laxatifs. Les analyses en ont été faites par MM. Jacquelin, professeur à l'Ecole centrale de Paris; Cotton, de Lyon, expert chimiste des Parquets de la France centrale; Baroulier, chef du laboratoire de l'Ecole des mines de Saint-Etienne; Raulin, professeur à l'Académie des sciences de Lyon.

ACTION PHYSIOLOGIQUE DES EAUX DE BULLY

L'Action physiologique des eaux de Bully est, on peut le dire, générale. Elle se fait sentir sur la peau, les muqueuses, les glandes et sur les différents systèmes de l'économie.

Sous son influence, la peau devient onctueuse, fraîche et douce au toucher. Sa circulation sanguine devient plus active, et la conséquence de cette suractivité vitale est une hyper-sécrétion très considérable.

Les glandes subissent la même influence; mais outre l'action stimulante, due à la présence du fer dans ces eaux, l'arsenic qu'elle contient a une action pour ainsi dire spéciale sur leur sécrétion.

C'est grâce à cette suractivité fonctionnelle, due à la présence du fer et de l'arsenic, que l'on obtient la résolution des organes engorgés.

Cette eau est d'ailleurs très agréable à boire; lorsqu'on la boit, elle laisse seulement un arrière-goût qui annonce la présence du fer; mais elle n'a pas ce goût stypique et astringent des eaux fortement ferrugineuses. Après quelques jours de son usage, l'appétit se réveille et se prononce de plus en plus; les digestions deviennent plus actives et l'on voit guérir petit à petit des crampes d'estomac et des dyspepsies rebelles. Sous l'excitation générale, causée par l'usage de ces eaux, le foie, les reins, l'utérus et la rate reprennent leur état normal. Les fonctions menstruelles se régularisent d'une manière générale; les flueurs blanches disparaissent, et si, comme nous l'avons remarqué bien souvent, par la diffluence du sang et l'état fongeux du col de l'utérus, les hémorrhagies plus ou moins abondantes apparaissent plusieurs fois dans le mois, ces eaux, par leur action légèrement astringente, tendent à les faire diminuer et même disparaître. Le même fait arrive dans les cas si fréquents d'hémorroïdes fluentes.

En résumé, le premier effet physiologique qui se manifeste au début du traitement par les eaux de Bully, c'est une excitation générale, due sans doute à la présence du fer; et à ce titre, les eaux sont toniques.

Le second effet, c'est le calme qui suit cette période d'excitation. Ici l'action sédative et surtout régulatrice du système nerveux doit être attribuée à l'azote et à l'arsenic, — ce qui fait de ces eaux un reconstituant et à la fois un sédatif du système nerveux.

Le troisième effet, conséquence de cette excitation et de la vitalité plus énergique imprimée à l'économie, c'est de faciliter la désobstruction des organes; d'où la faculté résolutive de ces eaux. Or, la composition chimique qui classe ces eaux dans les eaux ferrugineuses, sulfureuses, azotées-sodiques et arsénicales démontre le bien fondé de leur action physiologique.

Observations cliniques sur les Eaux de Bully

I

Dans l'Anémie, l'Epuisement

Les religieuses de M... (sœurs des pauvres), ayant entendu dire que nos eaux sont éminemment réparatrices, sont venues d'elles-mêmes à Bully. L'une, âgée de vingt-deux ans, était très pâle et très faible; elle ne pouvait pas marcher sans être bientôt arrêtée par des palpitations. L'autre, quoique moins anémique, maigrissait et faiblissait par suite d'une dyspepsie rebelle qui l'empêchait de se nourrir. Après une saison, elles s'en sont allées à peu près guéries, bénissant les eaux de Bully et promettant d'y revenir l'année suivante.

Mlle C. de Ch., anémique depuis plusieurs années, a pris en vain tous les ferrugineux et reconstituants usités en pareils cas; l'usage des eaux de Bully en boisson et en bains a réussi à lui rendre la fraîcheur et la santé.

Mme T., âgée de cinquante ans, était tourmentée par des hémorrhagies utérines revenant tous les douze ou quinze jours. Chaque fois elle tombait dans une grande faiblesse et était forcée de garder son lit. Il y avait une anémie symptomatique profonde. Une saison à Bully a grandement amélioré son état. Le sang, devenu plus riche et moins coulant, n'a reparu que six semaines après. Elle nous a quittés enchantée de cette quasi-résurrection.

Mme P., quarante-cinq ans, envoyée à Bully par un docteur de Mâcon pour traiter une affection utérine, a pris un embonpoint étonnant (environ 15 kilos), et elle écrivait quelque temps après à Mme Gimaux : « J'ai tellement engraissé au retour des eaux, que j'ai été obligée d'élargir toutes mes robes et que mon mari se propose de vous demander un dommage-intérêt... » Cette dame est revenue l'année suivante et a éprouvé de nouveau le même phénomène.

Nous citons ce cas parce qu'il a été un exemple frappant de la propriété reconstituante des eaux de Bully.

II

Dans les affections de poitrine au début

Mlle J. M. D., de Lyon, avait des craquements au sommet de la poitrine. Le docteur Blanc les avait constatés. Elle toussait sans cesse et était déjà d'une maigreur avancée ; elle était phthisique au premier degré. Elle eut la bonne idée de venir prendre les eaux de Bully. Après une saison, les symptômes alarmants ont disparu, elle a pu reprendre ses occupations et sa santé se maintient depuis six ans.

Un frère, âgé de trente-six ans, avait une hémoptysie symptomatique qui a pris fin à Bully sous l'influence des eaux, surtout de la source Thérèse. Il est reparti avec un état général très bon.

M. Ol., propriétaire à Mâcon, était à la période des cavernes ; il avait une toux incessante, des crachats purulents, des sueurs profuses, la fièvre hectique, une grande faiblesse. Il s'est fait transporter à nos sources, attiré par le récit des guérisons opérées à Bully. Le médecin qui le reçut dans cet état extrême voulait qu'on le renvoyât sans retard. Le malade persista, but à la source Thérèse, prit des bains, et trois semaines après il repartait très-amélioré, au grand étonnement du médecin et de ceux qui l'avaient vu arriver. La même année, il est revenu faire une seconde saison, qui a encore augmenté ses forces.

III

Comme modificatrices et dépuratives

Parmi les maladies de peau, il y a eu des cas de guérison vraiment extraordinaires.

Mme M. de D. avait un eczéma diathésique qui la couvrait presque entièrement et la rendait très souffrante. Elle avait essayé sans succès toutes sortes de traitement. L'eau de la source intermittente et surtout les bains et pulvérisations du puits Sainte-Marie l'ont complètement guérie.

Elle avait un enfant de deux ans et demi qui était déjà atteint de la même affection et qui a été guéri en même temps que sa mère.

Mme XX., soixante-dix-sept ans, atteinte d'un eczéma sur les épaules, a pris vingt-deux bains, a bu de l'eau purgative. Elle est repartie guérie le 26 juillet 1886.

Mme X., de Saint-Germain, avait une éruption d'acné pustuleux ; elle a été guérie par le même traitement.

Mme P. de B. est arrivée à nos eaux avec une éruption papulo-squameuse à la nuque, qui avait résisté à l'usage des pommades et diverses eaux ; cette affection lui causait de vives démangeaisons. Elle a pris un bain chaque jour, a bu quatre à six verres de la source purgative. Guérison en 28 jours.

M. B. avait un eczéma qu'il disait mal placé. Cet eczéma, lié à une constitution herpétique, a guéri lorsque la constitution elle-même a été modifiée par les eaux de Bully. Il a fait deux saisons la même année. Il nous a écrit et certifié que la guérison était radicale.

IV

Contre l'Atonie intestinale et la Constipation

Mme S. D., de Pérouges, n'allait à la garde-robe que tous les huit jours avec de vives souffrances. L'usage de la source Thérèse et l'Intermittente lui ont permis d'aller tous les jours et sans peine; aussi nous demande-t-elle souvent de Bully pour la continuer à domicile.

Les dames M. S., mère et filles, et Mme G., de Chessy, avaient une atonie intestinale avec constipation. Elles ont été guéries par les eaux de Bussy.

M. P. nous amène sa fille atteinte d'une coxalgie depuis trois ans. Il était survenu des abcès multiples en face de l'articulation malade, et le séjour prolongé dans la gouttière Bonnet avait amené une constipation rebelle et la perte de l'appétit; de là anémie et atonie générale.

Pendant un mois elle a employé les eaux de Bully en boisson et en bains. La constipation a disparu dès les premiers jours; l'appétit est devenu meilleur ainsi que l'état général. Puis la petite malade a pris de la force, et le gonflement de l'arthrite a diminué. Elle a quitté l'établissement en faisant déjà quelques pas, en la soutenant.

L'enfant se promène, grandit (1), continue à se fortifier, rendant grâce à la découverte des eaux de Bully.

Nous pourrions citer un grand nombre d'autres cures, mais ce serait allonger outre mesure cette notice. Les faits un peu brefs que nous venons de rappeler suffisent pour prouver les vertus multiples des eaux minérales de Bully.

---

(1) Attestation du docteur Sainclair, aux archives des Eaux.

CONCLUSIONS

I

Les eaux minérales de Bully-sur-l'Arbresle (Rhône) doivent être placées au nombre des eaux ferrugineuses, sulfureuses et arsénicales, elles sont de plus azotées siliceuses et légèrement carbonatées sodiques.

II

L'action physiologique de ces eaux est générale. Elle se fait sentir sur la peau, les muqueuses, les divers appareils de la respiration, de la digestion et de la génération. Leur action est stimulante. Cette stimulation est modérée par l'azote.

III

Par le fer, l'arsenic, les sels alcalins et l'acide carbonique qu'elles contiennent, ces eaux rétablissent les fonctions digestives, excitent les fonctions assimilatrices et font retrouver au sang sa plasticité normale. Elles sont donc toniques reconstituantes.

IV

Par l'arsenic et l'azote, en tonifiant le système nerveux, ces eaux en régularisent également les fonctions, elles sont donc toniques, névrosthéniques et sédatives.

V

Par cette excitation modérée cependant par l'azote, comme dans toutes les eaux nitrogénées, elles donnent lieu à une suractivité vitale qui se traduit par une suractivité fonctionnelle, d'où la résolution des divers engorgements organiques. Ces eaux sont donc résolutives.

SPÉCIALISATIONS ET INDICATIONS

Les Eaux de ces sources, qui s'exportent très bien, se prennent à la dose de 3 à 4 verres par jour pour les Adultes, et de 1 à 2 verres pour les Enfants.

Elles sont spécialement indiquées :

I

Dans l'*anémie innée* ou *acquise* qui étiole les enfants dans les grandes villes, arrête la croissance des jeunes gens et trouble, chez la plupart des jeunes filles, sous forme de *chlorose, l'évolution de la nubilité;*

II

Dans le *lymphatisme*, les *flueurs blanches*, la *scrofule*, la *phthisie pulmonaire au début;* en un mot, dans tous les *appauvrissements* du *sang.*

III

Dans certaines *affections* de la *peau, eczémas, diathèse* furonculeuse, etc.;

IV

Dans les *dyspepsies* et affections du *tube digestif;*

V

Dans les *angines, laryngites, pharyngites;*

VI

Dans les engorgements du *foie,* de l'*utérus;*

VII

Dans certaines *névralgies* et affections *cancéreuses (Gubler)*, par l'*arséniate de fer.*

VIII

Ces Eaux sont surtout bien DOSÉES et très remarquables, entre toutes les eaux *ferrugineuses*, par l'*azote*, le *soufre, l'arsenic.*

INDICATION DU Dr **Maximilien L'ALLOUR,**
35, rue de la Rampe, Brest *(Finistère).*
Chirurgien-Major de 1re classe (en retraite), Médecin consultant aux Eaux de Bully, l'été.

ANALYSES DES SOURCES AUTORISÉES

Source Mathieu César (température : 15°), DÉPURATIVE ET RECONSTITUANTE

Un litre d'eau renferme :

Azote . . . . 15cc »	Potasse 0 0072
Oxygène 2 25	Soude 0 0227
Acide carbonique libre 2 25	Chaux 0 0184
Matières solides chauf-	Magnésie 0 0038
fées à 150° 0gr 467	Protoxyde de fer . . 0 0008
Matières organiques . 0 0467	Alumine 0 0075
Silice 0 0175	Manganèse . . . . traces
Acide carbonique com-	Lithine . . . . . . traces
biné 0 0270	Arsenic calculé à l'état
Chlore à l'état de chlo-	d'arséniate 0 0005
rure 0 005	Températ. des sources 15° »
Acide sulfurique . . 0 0106	Température ambiante 15° »
Acide phosphorique . 0 0004	Pertes . . . . » »

L'azote en fait une eau ou plutôt un médicament à part. Ce gaz, à l'état de *protoxyde d'azote*, a été étudié et employé dernièrement en dissolution dans l'eau par MM. Limousin et Desmarquay, chimistes distingués, et en Allemagne, par les professeurs Schutzemberger et Ruter, et, ces messieurs ont constaté qu'il produit sur l'économie une action *stimulante et apéritive* très marquée, en même temps qu'une action diurétique ; que cette eau oxyazotée a une influence sensible sur les poumons, où elle facilite et complète l'hématose du sang. Aussi l'emploie-t-on dans la chlorose, le diabète, la gravelle urique, les rhumatismes. (Dr Paul LABARTHE).

SPÉCIALISATIONS ET INDICATIONS. — Les eaux de cette Source, qui s'exportent très bien, se prennent à la dose de 3 à 4 verres par jour pour les adultes, et de 1 à 2 verres pour les enfants.

Cette eau s'emploie spécialement contre les affections des *voies digestives* ; dyspepsie, gastralgie, aigreurs, ballonnement, etc. ; contre celles des *organes génito-urinaires* : ciptite, prostatile, gravelle, etc. Elle convient dans les *convalescences longues* et aux personnes les plus délicates, comme aux femmes, après les couches laborieuses et nourrissage prolongé, et aux enfants étiolés par l'air vicié des grandes villes. L'opinion du Conseil d'hygiène de Lyon, qui comprend des sommités médicales de cette ville, MM. les professeurs : Lepine, Rollet, Lacassagne, Raulin et Maurat, confirme irréfutablement ces indications : « Ces sources, disent-ils dans leur rapport au Ministre, du 4 août 1887, sont ferrugineuses et *arsénicales*, et surtout l'une d'elles contient une proportion notable d'arsenic, qui la rend *précieuse pour la thérapeutique.* Il est avantageux, spécialement pour la région lyonnaise, d'avoir dans son voisinage des eaux arsénicales. »

Source Sainte-Marie, AFFECTIONS DE LA PEAU (température 23°)

Un litre d'eau renferme :

Azote	12cc 5	Soude	0 0449
Oxygène	2	Chaux	0 0573
Acide carbonique libre	21 5	Magnésie	0 0040
Matières solides chauffées à 150°	0g 0345	Protoxyde de fer	0 023
		Alumine	0 0213
Matières organiques	0 039	Manganèse	traces
Silice	0 0103	Lithine	traces
Acide carbonique combiné	0 080	Arsenic calculé à l'état d'arséniate	0 0006
Chlore à l'état de chlorure	0 0182	Températ. des sources	16°
Acide sulphurique	0 0289	Température ambiante	23°
Acide phosphorique	0 0025	Pertes	» »
Potasse	0 0132		

Signé J. RAULIN,
profess. de chimie à la Faculté des sciences de Lyon.

Dans l'eau de Bully-les-Bains, comme dans le sang, les sels calcaires (de chaux, de magnésie, etc.) sont en faible proportion. Or, c'est la grande prédominance des sels alcalins qui assure la dissolution complète des sels calcaires : de là, la limpidité parfaite de cette eau qui contient encore une proportion semblable de fer et de silice, etc.

Grâce à cette constitution, l'eau de Bully-les-Bains est un type des plus parfaits des eaux salines mixtes. Elle est une des notes les plus élevées de la gamme d'eaux minérales, à côté d'Ems, Saint-Nectaire, Royat, Mont-Dore, etc.

Ces eaux contiennent presque tous les éléments d'assolement du sang. Elles sont arsénicales. L'acide arsénique y est combiné avec la soude à l'état neutre d'arséniate de soude.

En dehors de l'arsenic, les eaux de Bully-les-Bains ont une composition analogue à celle des matériaux minéraux du sang. Dans le sang, la somme totale des éléments minéraux est de 6 à 7 grammes par litre ; dans ces eaux, elle varie de 5 à 6 grammes 1/2.

Les éléments franchement alcalins (soude, potasse, etc.), surtout la soude, y tiennent une place prépondérante : de là vient que cette eau est douce et onctueuse au toucher. Ces éléments s'offrent principalement à l'état de chlorures et de carbonates, et, en plus faibles proportions, à l'état de phosphates et de sulfates. La chlorure de sodium occupe une grande partie de la masse végétale des éléments minéralisateurs : on en trouve de 3 à 4 grammes pour 1,000 dans le plasma du sang, de 2 gr. 02 à 3 gr. 32 dans l'eau de Bully-les-Bains.

SPÉCIALISATIONS ET INDICATIONS. — Les eaux de cette source, qui s'exportent très bien, se prennent à jeun, à la dose de 1 à 2 verres par jour pour les adultes, et de 1/2 à 1 verre pour les enfants.
Application sur toutes les plaies. — Reconstitution des tissus osseux.

Elles sont spécialement indiquées :

Dans certaines *affections* de la *peau, eczémas, diathèse* furonculeuse, etc. ;

Dans les *dyspepsies* et *affections* du *tube digestif* ;

Dans les *angines, laryngites, pharyngites* ;

Dans les engorgements du *foie*, de l'*utérus* ;

Dans certaines *névralgies* et *affections cancéreuses* (Gubler), par l'*arséniate de fer* ;

Dans l'*anémie innée* ou *acquise* qui étiole les enfants dans les grandes villes, arrête la croissance des jeunes gens et trouble chez la plupart des jeunes filles, sous forme de *chlorose*, l'*évolution* de la *nubilité* ;

Dans le *lymphatisme*, les *flueurs blanches*, la *scrofule*, la *phthisie pulmonaire* au *début*. En un mot dans tous les *appauvrissements* du *sang*.

Ces Eaux sont surtout bien *dosées* et très remarquables entre toutes les eaux *ferrugineuses* par l'*azote*, le *soufre* et l'*arsenic*.

Source Thérèse, DÉPURATIVE ET RECONSTITUANTE (température 18°)

Un litre d'eau renferme :
Acide carbonique (dosé
  à la S^{ce}). 18 15
Azote 13 65
Oxygène 2 80
La faible proportion d'oxygène tient à la présence du fer.
Principe fixe en opérant
  sur 20 litres d'eau, résidus secs par litre. 0^g 2142
Oxyde de fer Fe^{2}O^3 et
  manganèse. . . . 0 0215
Le fer a été dosé à l'état de peroxyde, mais il existe dans l'eau à l'état de protoxyde et

s'y conserve longtemps sans altération sensible.
Chaux 0 072
Acide carbonique combiné se dégageant
  par les acides . . . 0 054
Acide sulfurique (combiné) 0 007
Chlore (combiné) . . 0 006
Silice 0 016
Magnésie 0 003
Soude 0 023
Potasse . . . . . . traces
Arsenic. 0 0005
Pertes 0 0112
Signé : COTTON, Chimiste-Expert.

N. B. — Les cures remarquables opérées par ces eaux sont venues précisément confirmer les vertus que ces analyses avaient fait pressentir et l'expérience, mieux encore que la chimie, a permis de les apprécier.

Toutes ces sources sont heureusement dosées, toujours inaltérables, sans laisser jamais de dépôts, grâce à leur combinaison avec l'acide crénique.

Elles ont cela de rare, qu'elles sont, dans le terrain minéral, au contact du fer magnétique.

SPÉCIALISATIONS ET INDICATIONS. — Les eaux de cette source, qui s'exportent très bien, se prennent à la dose de 3 à 4 verres par jour pour les adultes, et de 1 à 2 verres pour les enfants.

Leur composition explique leurs propriétés et leurs vertus.

Elles renferment, dans une heureuse proportion, de l'*arséniate de fer,* du *phosphate de chaux,* du *soufre,* de l'*azote,* etc.

Elles sont donc *reconstituantes* et *régénératrices* dans l'*épuisement,* l'*amaigrissement,* la *chlorose,* l'*anémie,* spécialement celle qui étiole les enfants dans les grandes villes et trouble souvent chez les jeunes filles l'évolution de la nubilité. (D^r L'Allour).

Elles sont *dépuratives* et heureusement modificatrices dans les affections qui dérivent du *scrofulisme* et de l'*herpétisme* (les *maladies de la peau,* les *ulcères diathésiques,* les *catharres,* et même la *phthisie torpide* au début).

Elles sont *apéritives,* en stimulant les fonctions de la nutrition, et elles suffisent très souvent à guérir les *dyspepsies,* l'*atonie intestinale,* notamment la *constipation.* (D^r L'Allour.)

On les emploie, avec succès aussi, dans les *névroses,* la *métrite chronique,* les *engorgements de la rate et du foie,* la *goutte atonique,* le *diabète,* l'*albuminurie.*

Source intermittente purgative n° 1, LAXATIVE EL DÉPURATIVE (température 23°)

Un litre d'eau renferme :

Azote	14^{cc} »	Soude	0	027
Oxygène	3 5	Chaux	0	0216
Acide carbonique libre	5 5	Magnésie	0	0025
Matières solides chauffées à 150°	0 177	Protoxyde de fer	0	0196
Matières organiques	0 026	Alumine	0	0012
Silice	0 014	Manganèse	traces	
Acide carbonique combiné	0 020	Lithine	traces	
Chlore à l'état de chlorure	0 0056	Arsenic calculé à l'état d'arséniate	0	0005
Acide sulfurique	0 028	Tempérât. des sources	15°	
Acide phosphorique	0 0022	Température ambiante	23°	
Potasse	0 012	Pertes	»	»

Signé : J. RAULIN,
professeur de chimie à la Faculté des sciences de Lyon

Cette eau est dépurative et heureusement modificatrice dans les affections qui dérivent du *lymphatisme* et de l'*herpétisme* (les *maladies de la peau*, les *ulcères diathésiques*, les *catarrhes*, et même la *phthisie torpide* au début).

Elle est apéritive, en stimulant les fonctions de la nutrition, et elle suffit très souvent à guérir les *dyspepsies*, l'*atonie intestinale*, notamment les *constipations rebelles*. (D^r L'Allour.)

Elle renferme, dans une heureuse proportion, de l'*arséniate de fer*, du *phosphate de chaux*, du *soufre*, de l'*azote*, etc.

SPÉCIALISATIONS ET INDICATIONS. — Les eaux de cette source se prennent à la dose de 2 à 3 verres de quart d'heure en quart d'heure pour les adultes et de 1 à 2 verres pour les enfants à jeun ou avant les repas. Elles se conservent très bien en bouteilles.

Cette eau, grâce à ses gaz acide carbonique, azote et surtout oxygène qu'elle contient, en quantité inconnue dans aucune eau médicinale, est heureusement modificatrice et efficace dans les maladies réputées incurables comme la phthisie pulmonaire, le diabète, le cancer, la scrofulose, etc.

Par ces gaz, elle est apéritive par excellence et guérit les dyspepsies les plus rebelles, l'atonie intestinale, notamment les constipations opiniâtres.

En effet, l'acide carbonique en petite quantité et l'oxygène stimulent l'économie et produisent une réaction générale : la peau se colore, la transpiration s'accroît (Claude Bernard). Bouchardat a obtenu, avec l'oxygène, de bons effets chez les diabétiques. Le docteur Paul, au palais de l'Exposition, a ramené à la vie un homme asphyxié avec l'inhalateur Limousin, au moyen de l'oxygène produit artificiellement.

Quel succès ne pourra-t-on pas obtenir avec l'oxygène naturel contenu dans l'eau de cette source.

CRISTAL-BULLY (Source Barthélemy), EAU DE TABLE
APÉRITIVE, DIGESTIVE, GAZEUSE ET RECONSTITUANTE

Analyse :

Acide carbonique	2.0343		Protoxyde de fer	0.0064
Silice	0.0094		Alumine	0.0014
Acide chlorhydrique	0.3660		Manganèse	0.0040
— sulfurique	0.0077		Arsenic (à l'état d'ac. arsénieux	traces
— phosphorique	0.0007		Lithium	
Potasse, alcalis, pertes	0.0088		Eau et matières azotées	0.0212
Soude	0.3898			
Chaux	0.0452			
Magnésie	0.0117			

Signé : MOREL,
professeur à la Faculté de Lyon.

INDICATION. — Cette Eau est toujours limpide.

Sa limpidité se maintient indéfiniment sous toutes les latitudes.

Elle ne trouble aucune boisson.

Cette Eau est *apéritive, tonique, légèrement alcaline, très agréable au goût et très digestive.*

Elle doit son action reconstituante aux éléments minéraux qu'elle contient toujours en parfaite dissolution.

Source médicinale dite **Sainte-Marie,** autorisée par l'Etat, contre Maladies de la Peau, Angines, Laryngites, Pharyngites, Foie, Anémie acquise, Scrofules, Phthisie pulmonaire, Reconstitution des os, Appauvrissement du sang. — Sources médicinales **Mathieu-César,** Suites de couches, Voies digestives, etc. — ANTIMICROBIQUE.

BULLY-LES-BAINS (Gare de l'Arbresle), Gimaux-Sacchetti, Propriétaire - Directeur. (Ouvert toute l'année.)

Hôtel. — Pension depuis 4 fr., 5 fr., 6 fr. 75, 9 fr. par jour. — Service à la carte. — Chambres depuis 1, 2 et 3 fr. par jour.

Stand. — Gymnastique. — Jeux divers. — Musique dimanche et jeudi. — Sites pittoresques. — Excursions. — Air pur des montagnes.

Chemin de fer : Départ de Lyon-Saint-Paul, 8 h. 47 matin, arrivée à l'Arbresle à 10 h. — Départ de Lyon-Perrache, 8 h. 44 matin, arrivée à l'Arbresle à 9 h. 57.

Omnibus de l'Arbresle pour Bully : le matin, 10 heures ; le soir, 7 heures. — Omnibus pour l'Arbresle (Retour) : Le matin, 7 heures ; le soir, 5 heures.

Correspondant aux trains de Vaise, Perrache et Saint-Paul.

Dépôt général à Lyon des **Eaux minérales de Bully-les-Bains**, 25, Quai Saint-Vincent.

Pendant les chaleurs, buvez à vos repas

La Bouteille

Le Cristal-Bully. — Excellente eau de table, très efficace contre gastralgie et dyspepsie de toute nature, ne décomposant jamais le vin, sirop, absinthe ou autres liqueurs. Cette eau, très digestive, est limpide, agréable à boire, reconstituante dans les éléments qu'elle contient, toujours en fusion parfaite 0 30

Limonade supérieure à l'eau minérale, rafraîchissante et tonique 0 45

Source Thérèse. — Contient fer, chaux et peu d'arsenic, s'emploie contre anémie et chloro-anémie 0 45

Source Mathieu-César. — Est arsénicale, calcique et légèrement ferrugineuse, s'administre comme la précédente et dans les affections de la peau 0 55

Source Sainte-Marie. — Elle est plus arsénicale que la précédente, en plus elle est calcique et ferrugineuse, convient alors au traitement des laryngites, bronchites, catharres pulmonaires et phthisies, toutes les dermatoses et plaies ; elle est reconstituante par excellence 0 65

Source intermittente (laxative). — Elle est oxygénée et azotée, dès lors puissamment stimulante ; de plus, elle est phosphatée, ferrugineuse et alcaline ; se prend comme les précédentes et encore comme laxative en doses de 2 à 4 verres ; convient dans les grossesses et convalescences, et aux enfants pendant leur croissance et dentition difficile 0 65

Les demandes à partir de 30 bouteilles, obtiendront une réduction sur ces prix. Grande remise au commerce.

DEUXIÈME PARTIE

DOCUMENTS DIVERS

Saint-Etienne, le 23 février 1888.

Rapport de l'Ingénieur ordinaire des Mines

Par une pétition en date du 4 juillet 1887 adressée à Monsieur le ministre de l'agriculture et du commerce, le sieur Barthélemy Gimaux-Sachetti, propriétaire à Bully-sur-l'Arbresle, demande l'autorisation d'exploiter trois sources minérales dans sa propriété sise au lieu dit Roche-Cottin, commune de Bully.

A cette pétition sont joints :

1º Les analyses des eaux des trois sources faites par les soins du pétitionnaire;

2º Un plan des lieux en double expédition à l'échelle de 0^m002 pour un mètre.

Le pétitionnaire expose en sa demande que des sources d'eau minérale sourdent en différents points de sa propriété, sur la rive gauche de la Turdine, lieu que la tradition désigne comme ayant été le siège d'une station balnéaire des Romains; que ces eaux minérales sont fort appréciées par les habitants des communes environnantes, qu'elles sont à la fois sodiques et arsénicales, et qu'elles sortent des fissures d'une roche porphyrique.

La pétition du sieur Gimaux-Sachetti a été soumise au conseil d'hygiène publique et de salubrité du département du Rhône. Dans son rapport en date du 4 août 1887, le Conseil d'hygiène a émis un avis favorable à la demande du pétitionnaire.

L'ingénieur des mines soussigné a visité les lieux les 21 septembre, 29 septembre et 30 décembre 1887. La propriété du sieur Gimaux est située sur la rive gauche de la Turdine, dont le lit est très resserré entre des coteaux assez escarpés. Elle s'étend sur ces coteaux et sur une prairie très étroite, placée au pied de ces coteaux et au bas de la Turdine.

Ces coteaux sont formés par du granit porphyroïde à mica noir, ils sont sur les bords du massif granitique; à moins d'un kilomètre de là commencent les formations liasiques. Le granit est décomposé à la surface du sol sur une épaisseur variant à peu près de un à deux mètres.

Source n° 2, ou Source Marie

L'analyse de cette source a été faite à la diligence du pétitionnaire, au laboratoire de chimie agricole de la Faculté des sciences de Lyon. Cette analyse indique par litre 21 centimètres cubes 5 d'acide carbonique, des traces notables d'hydrogène sulfuré et un résidu fixe de 0 gr. 3432 dans lequel nous relevons :

Protoxyde de fer. . . . . 0 gr. 0230
Soude. . . . . 0 gr. 0449
Arsenic (à l'état d'acide arsénieux. . . . 0 gr. 0003

Le conseil d'hygiène publique et de salubrité déclare, dans son rapport du 4 août 1887, avoir recueilli à cette source de l'eau qui a été analysée, et que cette analyse a décelé des traces de fer et une quantité d'acide arsénieux s'élevant à 3 milligrammes par litre, qu'en conséquence cette source est surtout arsénicale.

La pétition du sieur Gimaux indique pour le débit de cette source 800 litres par vingt-quatre heures.

Cette source sort des parois d'un puits de 10 mètres de profondeur environ, au fond duquel a été faite une galerie de huit mètres de longueur. Le puits a une section de 1 mètre 80 de diamètre, la galerie a 2 mètres sur 2 mètres.

Le niveau de l'eau se maintient habituellement dans le puits à la profondeur de 6 mètres. Le niveau de l'orifice du puits est à 11 mètres 25 au-dessus du niveau de la Turdine.

Nous avons fait mettre le puits à sec et nous avons pu visiter le puits et la galerie. Puits et galerie sont creusés dans le granit et nous n'avons vu nulle part trace de roche porphyrique, mais en divers points le granit a subi une altération qui a transformé tout le mica en chlorite. C'est cette roche que, dans sa pétition, le sieur Gimaux qualifie de roche porphyrique.

Source n° 3, ou Source Mathieu-César

L'analyse de cette source a été faite à la diligence du pétitionnaire par le laboratoire de chimie agricole de la Faculté des sciences de Lyon. Cette analyse indique par litre 225 centimètres cubes d'acide carbonique, sans trace d'hydrogène sulfuré, et un résidu fixe de 0 gr. 167 dans lequel nous relevons :

    Protoxyde de fer . . . . 0 gr. 0008
    Soude . . . . 0 gr. 0227
    Arsenic (à l'état d'acide arsénieux). . . . 0 gr. 00026

Le conseil d'hygiène publique et de salubrité déclare, dans son rapport du 4 août 1887, avoir recueilli à cette source de l'eau qui a été analysée, et que cette analyse a décelé des traces de fer et une quantité d'acide arsénieux de 0 milligramme 5 par litre; qu'en conséquence cette source est surtout arsénicale.

La pétition du sieur Gimaux indique pour le débit de cette source 5,000 litres par vingt-quatre heures.

Cette sorce est recueillie à 1 mètre 60 au-dessous du sol, dans un puits de 1 mètre 60 de diamètre et de 1 mètre 80 de profondeur, creusé dans le granit; l'orifice du puits est à 13 m. 50 au-dessus du niveau de la Turdine.

Le granit d'ou sort la source présente également tout son mica transformé en chlorite. C'est ce granit ainsi transformé que le pétitionnaire appelle une éjection porphyrique. Mais nous n'avons pas vu de roche porphyrique proprement dite.

Telles sont les diverses constatations que nous avons faites sur les sources qui font l'objet de la demande en autorisation d'exploiter présentée par le sieur Gimaux.

Comme il résulte des constatations relatées ci-dessous, le point d'émergence de ces sources est sensiblement au-dessus du niveau des eaux de la Turdine. Il est donc parfaitement certain que ce n'est point la Turdine qui peut les alimenter.

Nous estimons que ce sont bien là réellement deux sources sortant des fentes du granit.

Nous ferons observer d'autre part que dans un puits fait dans le granit, par le sieur Gimaux, en A, puits qui a douze mètres de profondeur, nous avons constaté la présence d'un petit filon pyriteux, ayant quelques centimètres d'épaisseur. Ce filon contient un peu de pyrite arsénical.

Il est peu probable que ce filon soit isolé dans ce massif de granit. Le voisinage de ce filon ou d'autres analogues pourrait expliquer la minéralisation en arsenic, d'ailleurs assez légère qu'accusent les analyses des eaux.

Ce n'est pas à nous, d'ailleurs, qu'il appartient de prononcer sur les vertus médicinales de ces eaux. Le conseil d'hygiène publique et de salubrité du département du Rhône déclare, dans son rapport du 4 août 1887, que l'une des sources, la source Sainte-Marie, contient une proportion d'arsenic qui **la rend** précieuse pour la thérapeutique. Si les corps médicaux reconnaissent les propriétés thérapeutiques de ces eaux, nous n'avons, en ce qui nous concerne, aucune objection à faire contre l'octroi de l'autorisation d'exploiter les sources *Sainte-Marie* et *Mathieu-César*, demandée par le sieur Gimaux.

Rive-de-Giers, le 22 février 1888.

L'Ingénieur des Mines,
Signé : Dougados.

Avis de l'Ingénieur en chef des Mines

L'ingénieur en chef des mines soussigné, considérant que les deux sources Marie et César, pour lesquelles le sieur Gimaux a présenté une demande en autorisation de les exploiter, ont décelé à l'analyse chimique les proportions d'arsenic que, dans son rapport du 4 août 1887, le Conseil d'hygiène publique et de salubrité du département du Rhône a reconnues telles qu'elles peuvent permettre de les considérer comme sources arsénicales et qu'à ce titre elles peuvent rendre des services au point de vue thérapeutique;

Considérant qu'il résulte des constatations faites sur place par M. Dougados, ingénieur, que ces sources sourdent d'une roche granitique et qu'elles ne sont pas alimentées par la rivière la Turdine, qui coule à proximité;

Estime qu'il y a lieu d'accorder au sieur Gimaux l'autorisation d'exploiter les deux sources précitées.

Saint-Etienne, 23 février 1888.

L'Ingénieur en chef des Mines,
Signé : A. Chosson.

CONSEIL D'HYGIÈNE PUBLIQUE ET DE SALUBRITÉ

Rapport *sur une demande de M. Gimaux-Sachetti d'être autorisé à exploiter et vendre au public les eaux minérales de Roche-Cottin, dites de Bully-sur-l'Arbresle.*

Messieurs,

Une demande a été faite par M. Barthélemy Gimaux-Sachetti, à M. le ministre de l'agriculture et du commerce, à l'effet d'être autorisé à exploiter et à vendre au public les eaux minérales de Roche-Cottin, dites de Bully-sur-l'Arbresle, provenant de sources situées sur sa propriété, au dit lieu. Le Conseil d'hygiène, ayant à se prononcer sur cette demande, a nommé pour l'examiner une commission composée de MM. Lépine, Raulin et Morat. Cette commission vient aujourd'hui vous rendre compte de ses constatations.

Une demande de ce genre avait déjà été formulée par M. Gimaux en 1877, et avait été l'objet d'un rapport à M. le professeur Glénard concluant à accorder l'autorisation demandée. Ces sources étaient alors seulement au nombre de deux. De nouveaux sondages et des captages ayant été depuis entrepris qui portent ces sources actuellement à trois, ayant les noms de Thérèse, César et Sainte-Marie; j'examinerai chacune de ces sources en particulier, en indiquant les résultats des différentes analyses faites sur leurs eaux, soit celles faites par différents chimistes, soit celles exécutées par la Commission pour contrôler les précédentes, mais auparavant j'indiquerai brièvement la situation de ces sources.

Les trois sources susdésignées sont situées sur le territoire de la commune de Bully, dans une assez vaste propriété appartenant à M. Gimaux. Elles sont à peu de distance les unes des autres, sur un espace d'environ cent mètres de long. La propriété qui les contient occupe un terrain en pente et accidenté, au-dessous du village même de Bully. Elles sourdent à différentes hauteurs d'un monticule de rocher granitique, limité au sud et à l'ouest par une anse de la petite rivière la Turdine, en face d'un autre monticule boisé auquel le premier est relié par un pont de fer. La rivière coule sur un lit de roches granitiques et porphyriques.

Analyses. — Le mardi 26 juillet, les membres de la Commission se sont transportés à Bully dans la propriété de M. Gimaux pour se rendre compte de l'état dans lequel sont les travaux et pour recueillir à chacune des sources l'eau destinée aux analyses.

1º *Source Thérèse.* — En partant du bord même de la rivière, la source Thérèse se rencontre à quelques mètres seulement de distance de celle-ci, à 0ᵐ60 cent. au-dessus de son niveau. Elle coule en un mince filet émergeant par un petit tuyau à travers un mur de briques; c'est là que nous avons recueilli les échantillons destinés à l'analyse; au-dessus du tertre qui surmonte la source est une pompe puisant dans son réservoir et qui doit servir à l'embouteillage. Le débit est d'environ deux litres par minute; goûtée à la source, cette eau a le goût d'encre particulier aux eaux ferrugineuses.

L'analyse suivante reproduite déjà dans le rapport de M. Glénard et de M. Cotton, chimiste à Lyon, l'analyse faite pas M. Glénard lui a donné des résultats sensiblement conformes. Elle portait le nom de source Elisabeth.

2º *Source Elisabeth,* actuellement *source Thérèse.*

	Par litre
Gaz dosés à la source	
Acide carbonique	18^{cc}15
Azote	13 65
Oxygène	2 80
Matières fixes : 0^{gr}2142	
Protoxyde de fer	0^{g}0215
Chaux	0.0720
Acide carbonique combiné	0.0540
— sulfurique —	0.0070
Chlore	0.0060
Silice	0.0160
Magnésie	0.0030
Soude	0.0230
Potasse	traces
Arsenic	0.0005
Matières organiques	traces

D'après M. Glénard, ces composés doivent avoir l'état suivant :

      Bicarbonate de soude
      — de chaux
      — de magnésie
      Chlorure de potassium
      Sulfate de soude et de potasse
      Bicarbonate de fer
      Silice
      Composé arsénical.

Plus les gaz libres, hydrogène sulfuré, oxygène, azote et acide carbonique.

En somme, les vérifications à faire par la Commission devraient porter surtout sur deux substances, le *fer* et l'*arsenic*.

Les échantillons recueillis par la Commission ont été analysés au laboratoire de chimie de la Faculté des sciences, sous la direction de M. Raulin. On a décelé effectivement dans de l'eau de la source Thérèse des traces d'arsenic et une proportion de fer s'élevant à 44 milligrammes par litre ; c'est donc surtout une source ferrugineuse.

2° *Source César*. — L'eau de cette source ne présente pas le goût de fer. Le 20 octobre 1886, une analyse avait déjà été demandée par le propriétaire de ces sources, au laboratoire de chimie agricole de la Faculté des sciences. Je transcris cette analyse telle qu'elle est annexée à l'une des pièces du dossier.

Azote libre par litre	16^{cc} »
Oxygène	5 25
Acide carbonique	2 25
Matières organiques	0.0460
Silice	0,0175
Chlore	0.0050
Acide carbonique combiné	0.0210
— sulfurique	0.0106
— phosphorique	0.0004
Potasse	0.0072
Soude	0.0027
Chaux	0.0184
Magnésie	0.0038
Protoxyde de fer	0.0008
Alumine	0.0075
Arsenic (acide arsénieux)	0.00026
Pertes et matières non dosées	0.0058
Total des matières solides	0.167 par litre.
Température de la source	15°
— ambiante	23°

L'analyse faite sur l'échantillon prélevé par la Commission a indiqué, dans de l'eau de cette source, des traces de fer et une quantité d'ASO^3 (acide arsénieux) de 0 milligramme 5 par litre : ce qui répond suffisamment à la quantité 0 milligramme 26 par litre d'AS (arsenic) trouvé dans la première analyse.

En somme, la source César est une source surtout arsénicale.

Cette source est captée dans un réservoir en forme de citerne; elle est amenée un peu plus bas par une conduite en plomb munie d'un robinet; c'est à ce robinet qu'a été recueilli l'échantillon.

3º *Source Sainte-Marie*. — L'eau de cette source n'a que très peu le goût ferrugineux, c'est également une eau arsénicale. M. Gimaux l'a déjà fait analyser au laboratoire de chimie de la Faculté des sciences sur des échantillons puisés à la source par M. Carré, chef du laboratoire, comme pour l'analyse de la source précédente.

Voici cette analyse :

Azote, par litre	12cc 5
Oxygène	2 »
Acide carbonique libre	21 5

Matières organiques :

Silice	0.0103
Acide carbonique combiné	0.0800
Chlore	0.0182
Acide sulfurique	0.0289
— phosphorique	0.0025
Potasse	0.0132
Soude	0.0449
Chaux	0.873
Magnésie	0.0040
Protoxyde de fer	0.0230
Alumine	0.0216
Arsenic (acide arsénieux)	0.0004
Total des matières solides	0.3432
Degré hydrolimétrique	15º5
Température de la source	11º
Température ambiante	22º

Les échantillons de la Commission ont été recueillis dans les puits même de la source (puits assez profond) à l'aide d'une pompe. On a trouvé dans cette eau des traces de fer et une quantité d'ASO^3 s'élevant à 1 milligramme par litre, chiffre suffisamment concordant avec la quantité de 0 milligramme 3 d'AS indiqué dans l'analyse de M. Carré, certaines variations quantitatives pouvant toujours s'observer dans la même source.

La source Sainte-Marie est une source surtout arsénicale. Le débit en serait, d'après le propriétaire, d'environ 2 litres par minute, comme pour les précédentes.

Dans le voisinage de ces sources est un groupe de constructions, composé de bâtiments séparés contenant, très rudimentairement installés, des cabinets de bains, une douche et une salle d'inhalation, plus une petite maison d'habitation, un bâtiment devant servant d'hôtellerie, en voie de construction.

Résumé et conclusion

La Commission désignée pour examiner la demande de M. Gimaux a constaté, dans sa propriété de Bully, l'existence de trois sources :

L'analyse de l'eau de ces trois sources faite sous la direction de M. le professeur Raulin s'est trouvée sensiblement concordante avec les analyses antérieures effectuées sur la demande du propriétaire de ces sources. De ces trois sources, l'une est ferrugineuse, les deux autres sont arsénicales, et l'une d'elles (Sainte-Marie) contient une proportion d'arsenic assez notable et qui la rend précieuse pour la thérapeutique (traitement médical).

Notre Commission estime encore qu'il pourrait être avantageux, pour la région lyonnaise, d'avoir dans son voisinage des eaux arsénicales, si le débit de ces eaux pouvait être jamais assez considérable pour être fournie en suffisante abondance pour tous les usages auxquels elle est employée dans une station de bains.

En somme, toute réserve faite pour que toute précaution soit prise pour garantir l'intégrité des eaux, notre commission, Messieurs, estime qu'il y a lieu de répondre à M. le préfet que l'autorisation peut être accordée à M. Gimaux, soit d'exploiter les eaux minérales ci-dessus désignées, soit de les vendre au public aux conditions qui régissent cette vente, et sur lesquelles le Conseil d'hygiène vient de se prononcer.

Les membres de la Commission :

Signé : RAULIN, LÉPINE, MORAT.
Lyon, le 4 août 1887.

Les conclusions du rapport sont approuvées :
Lyon, le 4 août 1887.

Signé : LACASSAGNE, *secrétaire*;   *Signé* : ROLLET, *président*.

Rapport de l'Académie de Médecine de Paris

Le rapport suivant a été lu à l'Académie par M. Albert Robin, dans la séance du 18 décembre 1888 :

M. Gimaux-Sachetti, propriétaire, demeurant à Bully-sur-l'Arbresle (Rhône), sollicite l'autorisation d'exploiter l'eau minérale des deux sources, dites *Mathieu-César* et *Sainte-Marie*, situées dans sa propriété, au lieu dit Roche-Cottin.

La propriété du sieur Gimaux est située sur la rive gauche de la Turdine, dont le lit est très resserré entre des coteaux assez escarpés. Elle s'étend sur ces coteaux et sur une prairie très étroite placée au pied de ces coteaux et au bord de la Turdine.

Ces coteaux sont formés par du granit porphyroïde à mica noir. Ils sont sur les bords du massif granitique. A moins d'un kilomètre de là commencent les formations liasiques. Le granit est décomposé à la surface du sol, sur une épaisseur variant à peu près de 1 à 2 mètres.

La source *Sainte-Marie* sort des parois d'un puits de 10 mètres de profondeur environ, au fond duquel a été faite une galerie de 8 mètres de longueur. Le débit de la source est d'environ 800 litres en vingt-quatre heures.

La source *Mathieu-César* sort d'une fente de granit. Ce granit présente tout son mica transformé en chlorite; le débit de la source est d'environ 1,000 litres en vingt-quatre heures.

Elles ont donné par litre :

	Sainte-Marie	Mathieu-César
Carbonate de chaux	0.101	0.032
id. de magnésie	0.009	0.009
Sulfate de soude	0.094	0.049
Phosphate de soude	0.006	0.006
Chlorure de sodium	0.046	0.021
Peroxyde de fer	0.023	0.047
Silice et albumine	0.031	»
Arsenic à l'état d'acide arsénieux	0.0003	0.0002
	0.3073	0.1342

La Commission propose à l'Académie d'émettre un avis favorable pour que les sources *Mathieu-César* et *Sainte-Marie* soient autorisées.

Les conclusions du rapport, mises aux voix, sont adoptées par l'Académie.

Arrêté ministériel d'autorisation

sur l'approbation de l'Académie de Médecine et Rapport de l'Ingénieur des Mines

Je soussigné, Blanc, Jean-Claude, adjoint de la commune de Bully, vient, conformément à la lettre de M. le préfet du Rhône du 11 janvier courant, notifier à M. Gimaux-Sachetti, propriétaire des Eaux minérales, sises au lieu dit la Roche-Cotin,

L'arrêté ministériel, reçu à la mairie le 13 du courant,

Dont la teneur suit :

Le ministre du commerce et de l'industrie,

Vu la demande formée par le sieur Barthélemy Gimaux-Sachetti, demeurant à Bully (Rhône);

Vu le rapport des ingénieurs des mines en date des 22-23 février 1888;

Vu l'avis du conseil d'hygiène publique et de salubrité de l'arrondissement de Lyon en date du 4 août 1887 ;

Vu l'avis du préfet du Rhône en date du 17 mars 1888;

Vu l'avis de l'Académie de Médecine du 18 décembre 1888;

Vu l'article 1er de l'ordonnance du 18 juin 1823, la loi du 14 juillet 1856, le décret du 28 janvier 1860, l'arrêté du chef du pouvoir exécutif du 30 août 1871, et la loi du 12 février 1883 ;

Sur le rapport du conseiller d'Etat, directeur du commerce intérieur,

Arrête :

ARTICLE 1er. — Sont autorisées l'exploitation et la vente de l'eau minérale des deux sources dites *Mathieu-César* et *Sainte-Marie*, situées au lieu dit Roche-Cotin, sur le territoire de Bully, arrondissement de Lyon, département du Rhône.

ART. 2. — Les propriétaires des sources ou leurs ayants-droit devront se conformer anx lois, décrets, ordonnances et règlements existants ou à intervenir touchant la possession ou l'exploitation des sources d'eaux minérales, ainsi qu'aux mesures particulières de police et de salubrité qui pourraient leur être ultérieurement prescrites pour la conduite de leur entreprise.

Art. 3. — Le préfet du Rhône est chargé de l'exécution du présent arrêté.

Paris, le 28 décembre 1888.

Signé : Pierre Legrand.

Par ampliation :

Le directeur du personnel et de l'Enseignement technique,
Signé : Gaston Altendorf.

Pour copie conforme :

Le secrétaire général pour la police,
Signé : Illisible.

La présente notification certifiée conforme au présent arrêté :
A Bully, le 14 janvier 1889,

Pour M. le Maire,
L'Adjoint,
Signé : J. Blanc.

Bully-les-Bains possède d'autres sources minérales, analysées à la faculté des sciences de Lyon et au laboratoire de l'Ecole des Mines de Paris :

L'analyse de ces eaux a donné :

Source Thérèse n° 3. DÉPURATIVE ET RECONSTITUANTE, Prix de la bouteille, 0 fr. 45 en gare l'Arbresle, par caisse de 60 et 1/2 caisse.

Un litre d'eau renferme :

Acide carbonique.	18cc15
Azote	13 65
Oxygène	2 80

La faible proportion d'oxygène tient à la présence du fer.

Principe fixe en opérant sur 20 litres d'eau résidus secs par litre. 0g2142

Oxyde de fer Fe^2O^3 et manganèse . . . 0 0215

Le fer a été dosé à l'état de peroxyde, mais il existe dans l'eau à l'état de protoxyde et s'y conserve longtemps sans altération sensible.

Chaux.	0 072
Acide carbonique combiné se dégageant par les acides.	0 054
Acide sulfurique (combiné).	0 007
Chlore (combiné).	0 006
Silice.	0 016
Magnésie.	0 003
Soude.	0 023
Potasse	traces
Arsenic.	0 0005
Pertes.	0 112

Signé : COTTON, Chimiste-expert.

Excellente eau de table.

	Sous Guigonnand ou St-Jean 0 g. 4420	La Vanne Saint-Paul 0 g. 4150	La Sonde ou St-Charles 0 g. 2300
Résidu fixé par litre			
Silice	0 0270	0 0180	0 0200
Bicarbonate de chaux.	0 1336	0 1230	0 0874
— magnésie	0 0869	0 0443	0 0418
— protoxyde de fer.	Traces	0 0040	0 0080
Sulfate de chaux	0 0857	0 1266	Absence
Chlorure de sodium	0 0877	0 0467	0 0058
Matières organiques	0 0530	0 0700	0 1050
Acide sulfhydrique libre	»	»	0 0057
	0g4739	0g4296	0g2737

L'Ingénieur en chef des Mines,
Signé : C. CARNOT.

Les cures remarquables opérées par ces eaux sont venues précisément confirmer les vertus que ces analyses avaient fait pressentir; et l'expérience, mieux encore que la chimie, a permis de les apprécier.

La station des Eaux minérales de Bully-les-Bains se trouve à 4 kilomètres de l'Arbresle et à 27 kilomètres de Lyon. Bully est desservi par la correspondance, au chemin de fer P.-L.-M. en gare de l'Arbresle, à l'arrivée des trains à 10 heures du matin et à 7 heures du soir.

A partir de mai, un service de voiture conduira à la station des Eaux minérales.

NOTA. — Ces sources sont en instance pour être autorisées cette année.

Eaux minérales de Bully-les-Bains (Rhône). — Bully-les-Bains n'est qu'à 27 kilomètres de Lyon, agréablement situé sur la route du Bourbonnais et à 4 kilomètres de l'Arbresle, station du chemin de fer de Lyon à Tarare, au pied des montagnes du crêt de Popey et du crêt d'Arjoue, contreforts des monts du Lyonnais. La station des eaux minérales est à quelques minutes du village, dans un gracieux vallon sur les bords pittoresques de la Turdine.

Les eaux de Bully ont été connues et appréciées des Romains, ainsi que le démontrent d'une manière évidente un grand nombre de médailles qui ont été trouvées dans les ruines d'anciennes piscines, et dont les effigies accusent la période allant de Tibère à Valentinien. Ces médailles, sortes d'ex-voto que les Romains étaient dans l'usage de jeter dans les Eaux dont ils avaient éprouvé l'efficacité, témoignent que ces sources étaient connues à l'époque de la domination romaine, et qu'elles ne furent abandonnées qu'à partir de l'invasion des barbares.

Les sources captées actuellement sont déjà nombreuses, et, d'après l'avis des médecins les plus compétents en la matière, les eaux de Bully peuvent être employées avec efficacité pour le traitement de maladies qui ne sont soulagées que par les Eaux les plus renommées de France et d'Allemagne. Les analyses de ces eaux, faites par le savant professeur Jacquelain, de l'école des Arts et Métiers de Paris, M. Baroulier, chef du laboratoire de l'école des Mines, à Saint-Etienne, M. Cotton, expert-chimiste à Lyon et à l'Académie de Médecine de Paris.

Le fer, le manganèse, le soufre, l'arsenic, la lithine, la silice, la soude, la potasse, l'alumine se trouvent dans toutes les sources, heureusement combinés avec l'oxygène, l'acide carbonique, l'azote et le chlore.

Tous les chimistes qui ont analysé les eaux de Gastein, où vont se réconforter les souverains de l'Allemagne, celles de

Carlsbad, de Eissengen et même celles d'Evian, qui en apparence sont douces, normalement potables et privées de toutes vertus médicinales, et qui cependant sont si efficaces, ont été frappés comme dans les eaux cotées de bon goût, de la fraîcheur, de la limpidité et de la douce saveur des eaux de Bully et ont été non moins surpris de leur similitude chimique avec ces grandes sources allemandes et autres célèbres à si bon droit.

C'est donc à juste titre que ces eaux ont été remarquées dans toutes les expositions où elles ont paru depuis qu'elles commencent à être livrées à la consommation, c'est-à-dire depuis deux ans, et qu'elles ont valu à M. Gimaux-Sacchetti, leur propriétaire, une médaille d'argent à l'Exposition d'hygiène tenue à Paris au palais de l'Industrie en 1886 ; une médaille d'or avec diplôme d'honneur à l'Exposition de Lyon ; deux médailles d'or, l'une à l'Exposition du Havre et une autre à l'Exposition de Boulogne en 1887.

Le corps médical a porté aussi son attention sur les Eaux de Bully.

Elles ont fait l'objet d'une étude approfondie de la part de M. le Dr Maximilien l'Allour, docteur en médecine et en chirurgie de la Faculté de Paris, aujourd'hui retiré à Brest, qui a publié le résultat de ses expériences. Aussi, pour bien définir les Eaux de Bully, en déterminer les qualités et en faire prévoir les heureux effets, nous ne saurions mieux faire que de reproduire ici les conclusions de M. le D^r l'Allour.

I. — « Les Eaux Minérales de Bully-sur-l'Arbresle (Rhône)
« doivent être placées au nombre des eaux ferrugineuses, sulfu-
« reuses et arsénicales, elles sont de plus azotées, siliceuses et
« légèrement carbonatées sodiques.

II. — « L'action physiologique de ces eaux est générale. Elle
« se fait sentir sur la peau, les muqueuses, les divers appareils
« de la respiration, de la digestion et de la génération. Leur
« action est stimulante. Cette stimulation est modérée par
« l'azote.

III. — « Par le fer, l'arsenic, les sels alcalins et l'acide carbo-
« nique qu'elles contiennent, ces eaux rétablissent les fonctions
« assimilatrices et font retrouver au sang sa plasticité normale.
« Elles sont donc toniques reconstituantes.

IV. — « Par l'arsenic et l'azote, en tonifiant le système ner-
« veux, ces eaux en régularisent également les fonctions, elles
« sont donc toniques, névrosthéniques et sédatives.

V. — « Par cette excitation modérée cependant par l'azote,
« comme dans toutes les eaux nitrogénées, elles donnent lieu à

« une suractivité vitale qui se traduit par une suractivité fonc-
« tionnelle d'où la résolution des divers engorgements « orga-
« niques ». Ces eaux sont donc résolutives.

VI. — « Elles trouvent donc des applications spéciales dans
« l'anémie, la chlorose, le lymphatisme, le scrofulisme, la tuber-
« culose, au début des névroses, la métrite, comme dans certains
« catarrhes des voies digestives, respiratoires et génito-urinaires,
« enfin contre divers engorgements de la rate et du foie. »

Ces conclusions ont été vérifiées de tout point par l'expérience. Nous publierons prochainement les certificats des cures
obtenues et les documents qui s'y rapportent.

M. le Dr l'Allour, développant sa pensée au sujet de l'action
physiologique des Eaux de Bully, s'exprime de la manière suivante :

« L'action physiologique des Eaux de Bully est, on peut le
« dire, générale. Elle se fait sentir sur la peau, les muqueuses,
« les glandes et sur les différents systèmes de l'économie.

« Sous son influence, la peau devient onctueuse, fraîche et
« douce au toucher. La circulation sanguine devient plus
« active, et la conséquence de cette suractivité vitale est une
« hupersécrétion très considérable.

« Les glandes subissent la même influence, mais outre l'action
« stimulante, due à la présence du fer dans ces eaux, l'arsenic
« qu'elle contient a une action pour ainsi dire spéciale sur leur
« sécrétion.

« C'est grâce à cette suractivité fonctionnelle due à la pré-
« sence du fer et de l'arsenic que l'on obtient la résolution des
« organes engorgés.

« Cette eau est, d'ailleurs, très agréable à boire ; lorsqu'on la
« boit, elle laisse seulement un arrière-goût qui annonce la pré-
« sence du fer ; mais elle n'a pas ce goût styptique et astringent
« des eaux fortement ferrugineuses. Après quelques jours de
« son usage, l'appétit se réveille et se prononce de plus en plus ;
« les digestions deviennent plus actives, et l'on voit guérir petit
« à petit des crampes d'estomac et des dyspepsies rebelles. Sous
« l'éxcitation générale causée par l'usage de ces eaux, le foie,
« les reins, l'utérus et la rate reprennent leur état normal. Les
« fonctions menstruelles se régularisent d'une manière générale.

« En résumé, le premier effet physiologique qui se manifeste
« au début du traitement par les eaux de Bully, c'est une exci-
« tation générale due sans doute à la présence du fer, et à ce
« titre, ces eaux sont toniques.

« Le second effet, c'est le calme qui suit cette période d'exci-
« tation. Ici, l'action sédative et surtout régulatrice du système

« nerveux doit être attribuée à l'azote et à l'arsenic, ce qui fait
« de ces eaux un reconstituant et à la fois un sédatif du sys-
« téme nerveux.

« Le troisième effet, conséquence de cette excitation et de la
« vitalité plus énergique imprimée à l'économie, c'est de faciliter
« la désobstruction des organes, d'où la faculté résolutive de
« ces eaux. Or, la composition chimique qui classe ces eaux
« dans les eaux ferrugineuses, sulfureuses, azotées, sodiques et
« arsénicales démontre le bien fondé de leur action physiolo-
« gique. »

Cette action stimulante qu'a observée M. le Dr l'Allour est due
aussi, suivant l'avis des médecins sérieux, au concours dans
des proportions notables, dans les Eaux de Bully, des gaz oxygène et azote à l'état libre. Ces gaz combinés à l'état de protoxyde
d'azote en font une eau ou plutôt un médicament à part. Le
protoxyde d'azote a été étudié et employé par de savants professeurs et d'éminents praticiens en France et à l'étranger et tous
ont constaté qu'il produit sur l'économie une action stimulante
et apéritive très marquée, en même temps qu'une action diurétique. C'est pourquoi l'eau de Bully a une influence sensible sur
les poumons, où elle facilite et complète l'hématose du sang,
ainsi que sur les organes inférieurs, qu'elle délivre de l'atonie
qui s'en empare souvent. Aussi l'emploie-t-on souvent avec
succès contre les constipations, l'anémie, la chlorose, le diabète,
la gravelle urique, les engorgements de la rate et du foie, les
rhumatismes. Dans ce but, on boit particulièrement les sources
Thérèse et Mathieu César.

La source Sainte-Marie est plus arsénicale que les deux précédentes. Aussi son emploi est indiqué dans certaines affections
de la peau, notamment les eczémas et les affections cancéreuses,
et pour obtenir la guérison rapide des plaies, blessures, ulcères
de la phthisie au debut, etc.

La source *Intermittente* est laxative. Pour certains tempéraments, elle est franchement purgative. Grâce aux éléments
toniques qu'elle contient en dissolution avec les éléments laxatifs, elle agit sans fatigue. Pour les tempéraments rebelles à la
purgation, l'usage peut en être prolongé sans inconvénient.
Elle agit alors comme un puissant dépuratif.

La source *Barthélemy* est une eau très gazeuse dont les éléments minéraux sont tenus en dissolution parfaite dans la
bouteille. Elle est admirablement bien tolérée par l'estomac,
apéritive, pétillante et agréable à boire, elle constitue une eau
de table exquise dont l'usage journalier convient à tous et particulièrement aux personnes dont les digestions sont difficiles.

Dans le but de vulgariser l'emploi de la source Barthélemy, et à ce point de vue, M. Gimaux-Sacchetti, propriétaire-directeur des Eaux Minéarles de Bully-les-Bains, vient de créer sous le nom de Cristal-Bully une mise spéciale en bouteilles de cette eau appelée à prendre en peu de temps une place de choix parmi les Eaux de table les plus en faveur.

Les Eaux de Bully ont encore d'une manière générale cela de particulier, c'est que la quantité de leurs éléments minéraux est à peu près égale à celle des éléments de même nature contenus dans le sang.

C'est pourquoi leur assimilation se fait d'une manière parfaite sans fatiguer les organes. Elles produisent ainsi de meilleurs effets que des eaux réputées plus riches qui sont nuisibles à la santé.

Telle est la station toute récente de Bully-les-Bains ; tels sont le caractère, les principes et les propriétés de ses Eaux. Nous y reviendrons, et nous exposerons ultérieurement les cures obtenues.

Docteur Jacquet.

Livre d'or des lauréats de France

Eaux minérales de Bully-les-Bains (*Rhône*). — Propriétaire-gérant : Gimaux-Sachetti. — Bully-les-Bains n'est qu'à 27 kilomètres de Lyon, à 4 de l'Arbresle, sur les bords de la Turdine.

Les eaux de Bully ont été connues et appréciées des Romains, comme le prouvent un grand nombre de médailles trouvées dans les ruines d'anciennes piscines, médailles allant de Tibère à Valentinien.

Les sources captées actuellement sont déjà nombreuses et répondent efficacement aux propriétés que leur avaient attribuées les plus savants professeurs français et étrangers.

Tous les chimistes qui ont analysé ces eaux ont été surpris de les trouver similaires des grandes eaux de Carlsbad, Kissengen, Gastein, Evian, célèbres à si bon droit.

Aussi, ces eaux ont-elles été remarquées dans toutes les expositions où elles ont paru, et elles ont valu à M. Gimaux-Sachetti, leur propriétaire, une médaille d'argent à Paris 1886, trois médailles d'or et trois grands diplômes d'honneur au Havre, à Lyon, à Boulogne-sur-Mer en 1887.

D'éminents docteurs ont aussi examiné ces eaux et les ont trouvées excellentes dans un grand nombre de cas, notamment contre les constipations, l'anémie, la chlorose, le diabète, la gravelle urique, les engorgements de la rate, les rhumatismes, etc., etc.

La source *Sainte-Marie*, la plus arsenicale, est indiquée dans certaines affections de la peau, eczémas, affections cancéreuses, et pour la rapide guérison des plaies, blessures, ulcères, etc.

La source *intermittente* est laxative. Pour certains tempéraments, elle est franchement purgative, en général elle agit comme un puissant dépuratif.

La source *Barthélemy* est très gazeuse; elle est de plus apéritive, digestive, reconstituante, limpide, pétillante et agréable à boire. Elle constitue une excellente eau de table dont l'usage convient à tous et particulièrement aux personnes dont les digestions sont difficiles.

Les eaux de Bully en général ont cela de particulier, c'est que la quantité de leurs éléments minéraux est à peu près égale à celle des éléments de même nature contenus dans le sang.

Telle est la station de Bully-les-Bains, tels sont le caractère, les principes et les propriétés de ses eaux.

Nous lisons dans un des numéros du Continental-Times *(journal anglais), un article très détaillé parlant de Bully-les-Bains, signalant non seulement les intéressants souvenirs qui s'y rattachent comme station romaine, mais aussi de l'efficacité des sources d'eaux minérales qui y sont déjà découvertes depuis quelque temps et qui sont maintenant en pleine voie d'exploitation.*

Note complémentaire sur les Eaux de Bully

Nous ne parlerons pas dans cet exposé des vertus médicales des Eaux de Bully car les analyses officielles, les attestations des hommes de la science en disent plus que ce que nous pourrions dire ici. Nous nous attacherons donc à faire connaître le débit de toutes les sources exploitées ou a exploiter et les prix de revient et de vente des eaux provenant de l'exploitation actuelle.

TABLEAU DONNANT LE DÉBIT DE TOUTES LES SOURCES

DÉSIGNATION des SOURCES	ANALYSÉES par	DÉBIT PAR			OBSERVATIONS
		Minutes	24 heures	Année	
N° 1 VIELLE-THÉRÈSE Arsenicale.	Faculté des Sciences de Lyon et M. Cotton.	20 l.	28,800 l.	10,512,000 l.	
N° 2 THÉRÈSE Arsenicale.	Id.	12	17,280	6,307,200	
N° 3 PUITS-THÉRÈSE Arsenicale.	Id.	» 500	720	262,800	
N° 1 INTERMITTENTE Arsenicale.	M. Raulin et Faculté des Sciences de Lyon.	» 500	720	262,800	
N° 2 PURGATIVE Magnésienne sulfureuse.	Ecole des Mines	1 »	1,440	525,600	
SAINTE-MARIE Arsenicale phosph.-chaux.	M. Raulin, Faculté des Sciences de Lyon et Académie de médecine.	» 500	720	262,800	Autorisée de l'Etat.
MATHIEU-CÉSAR Arsénicale.	Faculté des Sciences de Lyon et Académie de Médecine.	3 500	5,040	1,839,600	Autorisée de l'Etat.
LA SONDE & L'OSIER Pour bains chlorurée calcique.	Ecole des Mines.	3 »	4,320	1,576,800	
LA VANNE SAINT-PAUL	Id.	» 750	1,080	394,200	
BARTHÉLEMY Eau de table dite	Faculté des Sciences de Lyon	11 »	15,840	5,781,600	
TOTAUX		41 l. »	75,960 l.	27,725,400 l.	

Cinq des sources désignées au tableau ci-dessus sont actuellement exploitées, ce sont les suivantes :

Thérèse, n° 3 ; Purgative ; Sainte-Marie ; Mathieu-César ; Barthélemy, dite Cristal-Bully.

Afin de trouver une combinaison financière nous permettant de donner tous l'essor nécessaire à l'exploitation des eaux de Bully nous allons indiquer par le tableau suivant les prix de revient et de vente en prenant pour base sur les sources exploitées une vente de 50 % pour les eaux médicales et de 25 % pour les eaux de table.

Tableau donnant les prix de revient et de vente des Eaux de Bully avec les bénéfices à réaliser.

DÉSIGNATION des SOURCES	VENTE présumable.	PRIX de revient par litre.	PRIX de vente par litre.	BÉNÉFICE par litre.	BÉNÉFICE par Source.	OBSERVATIONS
Thérèse, n° 3	131,400 l.	0 20	0 40	0 40	26,280 fr.	
Purgative	262,800	0 20	0 40	0 40	52,560	
Sainte-Marie	131,400	0 20	0 40	0 40	26,280	
Mathieu-César	918,800	0 20	0 40	0 40	183,960	
Barthélemy	1,445,400	0 04 (1)	0 07	0 03	43,352	Eau de table dite Cristal-Bully.
	2,890,800 l.				332,442 fr.	Bénéfice total.

(1) Verres non compris, exploitée mécaniquement par une force motrice.

— 42 —

Comme l'indique ce dernier tableau, qui est établi sans aucune exagération, on peut arriver, en exploitant sérieusement les sources désignées plus haut, à un bénéfice annuel de plus de 330,000 fr., chiffre qui ne fera que s'accroître au fur et à mesure de l'exploitation des autres sources non encore exploitées.

Dans cet exposé succinct nous n'avons parlé que des bénéfices à réaliser sur la vente des eaux, mais il est certain que l'achèvement de l'établissement thermal en donnera bien d'autres aussi considérables et que par conséquent avec des eaux aussi riches que celles de Bully on ne peut arriver qu'à faire une opération sérieuse et de tout repos.

Monsieur Gimaux,

J'ai l'honneur de vous adresser en double la copie du tableau ci-joint du débit des sources, etc., avec un projet que je vous soumets.

1er Projet. En montant au capital de 1.700.000 fr.

Le propriétaire ne remet que ses sources, avec le terrain banal pour les exploiter pendant la durée d'une société, soit trente années. Remboursement des actions par tirages.

Il faudrait employer cette somme comme suit :

1° Achat d'un million de bouteilles, matériel p. v. 2.980.800 bouteilles.	100.000
2° Achat de caisses pour id. id. 1.666 caisses × 1 fr. 40 = 23.324 fr., plus les cadres et paniers p. 26.676 fr.	50.000
3° Parts de fondateur de 5 fr. libérées, prélevées sur les bénéfices nets après avoir remis 10 0/0 aux actionnaires. Il y a 50.000 docteurs et pharmaciens, j'en compte 25,000 seulement.	50.000
4° La main d'œuvre est recouverte par la vente faite par six voyageurs à 5,000 fr. chacun = 30,000 fr. + directeur responsable 12,000 fr., sous-directeur 5,000 fr. + quatre employés à 1.500 fr.	53.000
5° Un chemin de fer allant des sources à la gare l'Arbresle, tout compris matériel.	90.000

Ce qui fera une vitesse et une grande économie sur le transport.

6° Réclames dans les journaux médicaux, 82.000 fr. et dans les gares, pharmaciens, épiciers, cafés. Dépôts : Paris, Lyon, Marseille, Bordeaux, Turquie, Espagne, Italie, et 100 dépôts coûtant avec réclame 2.000 fr. chacun, ci. 482.000

8° Propriétaire, 450.000 fr., dont les deux tiers espèces et l'autre tiers actions libérées 450.000

9° Monter en actions pour banquiers, etc., 18 ou 20 0/0 + 5 ou 7 0/0 pour frais généraux jusqu'à constitution définitive de la Société. 425.000

Total. 1.700.000

Villa médicale de bienfaisance

Monsieur le docteur,

Le traitement par les eaux minérales est aujourd'hui généralisé; riches et pauvres y cherchent leur salut, ou du moins un soulagement pour toutes leurs souffrances. Si aux propriétés médicales des eaux viennent s'ajouter les bons effets de l'air pur des montagnes, le succès en est plus sûr. Les eaux de Bully, dont nous voulons vous entretenir un instant, monsieur le docteur, sont, sous ce rapport, dans des conditions exceptionnelles. A 1,500 mètres du bourg, dans un vallon creusé profondément, un vrai site des Pyrénées, sur les rives de la Turdine, se trouve la station des eaux de Bully. Ce vallon est abrité des vents, les variations de température n'y sont jamais brusques et toujours peu sensibles. Il offre l'aspect d'un oasis de verdure au milieu des rochers ou des coteaux rapides. Les bois de pins qui se trouvent dans le voisinage, les pentes des crêts de Popey et d'Arjoux couvertes de bois et les grands arbres du rivage de la Turdine, contribuent à rendre très salubre l'air de ce pays.

Ces eaux furent connues et employées par les Romains, comme le prouvent de nombreuses médailles trouvées dans les ruines d'une ancienne piscine. Cette station est située sur les confins des départements du Rhône et de la Loire, entre nos deux grandes cités industrielles, Lyon et Saint-Etienne, à 4 kilomètres de l'Arbresle (Rhône). L'heureuse situation de cet emplacement et la composition chimique variable de chaque source peuvent rendre, surtout à la région lyonnaise et stéphanoise, des services inappréciables. Ces eaux sont arsenicales et ferrugineuses, calciques et phosphatées, oxygénées et azotées, sulfureuses et fortement gazeuses. Ces éléments variés les rendent donc efficaces dans un grand nombre d'affections. La quantité moyenne de sels minéraux entrant dans la composition de ces eaux permet aux organismes les plus délicats de les tolérer. De toutes les substances composant l'eau de Bully, les éléments qui la rendent supérieure à toutes les eaux médicinales sont incontestablement l'oxygène et l'azote qu'elle contient en grande proportion. Vous connaissez, monsieur le docteur, la valeur que l'on attribue aujourd'hui, et même depuis l'immortel Lavoisier, à l'oxygène : avec lui on traite avec succès toutes les maladies consomptives, comme phthisie pulmonaire, lymphatisme, scrofulose, diabète, etc.; l'azote ensuite entre dans la formation de tous nos tissus. Et si l'oxygène artificiel produit des effets surprenants, qu'est-ce que nous ne pouvons pas attendre de lui à l'état naturel ? Sous l'influence de ces gaz, nous avons obtenus par ces eaux des cures inattendues, surtout dans le traitement des plaies et dans l'atonie des organes internes.

Notre établissement renferme plusieurs sources qui sont déjà en état d'exploitation. Nous en citerons cinq principales, et nous recommandons à messieurs les docteurs de les faire expérimenter par leurs clients.

1. **Source Sainte-Marie.** — La source Sainte-Marie est reconnue par le Conseil d'hygiène de Lyon comme arsenicale ; elle est, en plus, ferrugineuse, calcique, oxygénée et bien gazeuse (22cc CO^2).

2. **Source Mathieu César.** — La source Mathieu César est aussi arsenicale, ferrugineuse et fortement azotée (15cc d'N).

3. **Source Sainte-Thérèse.** — La source Sainte-Thérèse est principalement ferrugineuse et calcique.

4. **Source Intermittente (laxative).** — La source Intermittente est très efficace dans l'atonie des organes de la digestion, grâce à l'oxygène en grande quantité (4cc environ) qu'elle contient.

5. **Source Saint-Barthélemy (Cristal-Bully).** — La source Saint-Barthélemy est très gazeuse ; elle contient aussi l'acide chlorhydrique ; elle est également alcaline ; et, à ce double point, elle four-

nit une eau de table bien efficace pour les personnes atteintes de dyspepsie, gastralgie et entéralgie. Avec la même source, et en y ajoutant du suc de citron, nous en faisons une excellente limonade, bien supérieure à toutes les bières allemandes et aux limonades artificielles, préparées souvent avec des eaux impures et des substances nuisibles à la santé.

Les eaux de Bully sont d'une limpidité exceptionnelle et se conservent plusieurs années en bouteilles bien bouchées, sans précaution particulière. Elles sont absolument insipides, tant la combinaison de leurs éléments est parfaite.

Par sa constitution, l'eau de Bully est un type des plus caractéristiques des eaux salines mixtes. Elle est plus assimilable que les eaux de la Bourboule, du Mont-Dore, Royat, Vichy, Vals, etc., qui provoquent souvent des effets perturbateurs dans l'organisme et ne sont pas supportées par les tempéraments impressionnables et faibles. En effet, lorsque notre eau est introduite dans le sang, elle y apporte exactement les éléments propres à réparer ses pertes en principes minéraux, sans faire de triage, ni provoquer des efforts, comme les autres eaux, qui surmènent les fonctions organiques et produisent alors des résultats funestes.

Toutes les analyses faites, depuis plusieurs années, par MM. Glénard, Cotton et Raulin, de Lyon; Jaquelin, de Paris; Baroulier, de Saint-Etienne, sont concordantes : ce qui prouve que ces eaux ne varient jamais.

Tout ce qui précède est confirmé par de nombreuses attestations des médecins et par l'opinion du Conseil d'hygiène de Lyon, où figurent nos célébrités des Facultés de médecine et des sciences, comme MM. les docteurs Lépine, Lacassagne, Rollet, Raulin et Morat, et qui s'expriment ainsi : « De ces trois sources, l'une est ferrugineuse, les deux autres arsenicales, et l'une d'elles (Sainte-Marie) contient une proportion d'arsenic notable, qui la rend *précieuse* pour la thérapeutique. »

Nous nous proposons d'ouvrir notre établissement dans le courant de la saison ; dans ce but nous y avons installé un hôtel confortable, des bains, des douches et une salle d'inhalation.

Nos efforts ne tendent pas seulement à rendre service aux riches, mais encore à concourir au bien-être de notre classe ouvrière, surtout dans la région lyonnaise et stéphanoise, c'est pourquoi nous avons cédé dans notre propriété, contenant environ 25 hectares, un emplacement pour une *Villa Médicale de bienfaisance*. Les eaux de Bully, d'une grande utilité pour un établissement semblable, seront fournies gratuitement. Nous nous adressons aux personnes charitables et soucieuses de la santé de nos ouvriers de Lyon et de Saint-Etienne, et les prions de s'intéresser à cette œuvre et de nous aider dans la construction de cet établissement de bienfaisance. Nous comptons également sur la sympathie du corps médical lyonnais et stéphanois pour nous seconder dans cette entreprise charitable. Nous vous prions, monsieur le Docteur, de vouloir bien faire par vous-même l'essai de ces eaux et les recommander au public. D'autre part, aussitôt notre Villa Médicale de bienfaisance installée, nous pourrons vous offrir un asile pour vos malades pauvres qui auront besoin des eaux de Bully.

Veuillez agréer, monsieur le Docteur, l'expression de notre profond respect.

GIMAUX-SACHETTI,
Propriétaire des eaux de Bully-les-Bains (Rhône).

TROISIÈME PARTIE

RENSEIGNEMENTS HISTORIQUES

BULLY ET SES ENVIRONS

I. — BULLY

1. *Bully. — Etymologie. — Eaux minérales. — Découverte de monnaies antiques. — Station balnéaire à l'époque de la domination romaine.* — L'attention publique a été appelée, à juste titre, sur Bully, par la découverte faite récemment, dans cette commune et dans un gracieux vallon, sur les bords de la Turdine, de 53 sources d'eaux minérales, dont 9 sont déjà livrées à l'exploitation et possèdent des propriétés très variées, ce qui permet de les appliquer au traitement des maladies les plus diverses.

Peut-être faut-il attribuer au bouillonnement de ces sources, dont plusieurs sont intermittentes, l'origine du nom latin de Bully *(Bulliacus)*, qui est donné à cette localité dans toutes les chartes du moyen-âge.

Mais ce qui ajoute encore à l'intérêt que présente cette découverte, c'est que les recherches auxquelles s'est livré M. Gimaux, propriétaire de ces sources, nous ont appris qu'elles étaient connues déjà à l'époque de la domination romaine. Des restes de deux piscines antiques, un certain nombre de médailles romaines, retrouvées dans les anciens bassins, comblés depuis des siècles, ne laissent subsister aucun doute sur ce point.

Les recherches de l'archéologie moderne et l'interprétation de certains passages, demeurés incompris jusqu'à ce jour, de plusieurs auteurs classiques, Suétone, Sénèque et Pline le jeune, nous ont appris, en effet, que les Romains étaient dans l'usage, quand ils avaient éprouvé l'efficacité des eaux thermales ou minérales, de jeter dans les sources quelque offrande, en témoignage de leur reconnaissance envers la nymphe des eaux. Cette sorte d'*ex-voto*, qui portait le nom de *stipis*, variait suivant la condition et la fortune des malades. L'homme riche offrait des statuettes en métal précieux, ou des vases d'argent, de bronze ou de cuivre, exécutés souvent avec un art parfait et de la forme la plus élégante. Tels sont, notamment, les célèbres Vases Apollinaires retrouvés, de nos jours, à Vicarello, près de Rome. Mais, le plus souvent, l'hommage rendu à la divinité des eaux consistait en monnaies d'or, d'argent ou de bronze.

C'est la découverte de semblables monnaies qui nous a appris que la station balnéaire de Cousan, en Forez, était fréquentée déjà du temps des Romains. Il en a été de même à Bully. Des vingt-huit monnaies antiques retrouvées dans cette dernière localité, six étaient en or. Malheureusement, ces dernières se trouvant actuellement entre les mains de curieux, auxquels elles ont été offertes ou communiquées, n'ont pu, pour cette cause, être mises sous nos yeux. Mais il nous a été possible de classer les 22 monnaies de bronze, conservées par M. Gimaux, et voici la nomenclature des pièces dont se compose cette collection :

1 Tibère (14-37 de J.-C.). Petit bronze fort effacé, avec le revers de l'autel d'Auguste à Lyon.

1 Domitien (81-96). Grand bronze.

1 Trajan (98-117), id.

2 Antonin le Pieux (138-161), id.

1 Verus, collègue de Marc-Aurèle (161-169). **Petit bronze.**

1 Caracalla (211-217), id.

1 Héliogabale (218-222), id.

1 Alexandre Sévère (222-235). Moyen bronze.

2 Julia Mamea, sa mère, morte en 235. Petit bronze.

1 Maximin (235-238), id.

1 Postume, empereur des Gaules (258-267). Petit bronze.

1 Gallien (260-269), id.

2 Claude II (268-270). Petit bronze. L'une de ces médailles, frappée en Gaule, après la mort de ce prince et à l'occasion de son apothéose, porte au revers un autel, avec l'exergue : *Consecratio.*

1 Aurélien, portant au revers l'effigie de Vaballath, fils de la reine Zénobie, comme si ces deux princes eussent été deux collègues. Cette médaille, fort curieuse, fut frappée à Alexandrie d'Egypte, en 272, pendant que les troupes de cette reine occupaient la Basse-Egypte, et comme elle n'avait pas cours en Gaule, il faut supposer naturellement qu'elle a été apportée à Bully par quelque légionnaire ayant fait la campagne d'Egypte. (Petit bronze fort épais.)

1 Dioclétien (284-305). Petit bronze.

1 Petit bronze, portant sur la face l'effigie de la déesse Rome, et au revers la louve avec les deux jumeaux, Rémus et Romulus. Monnaie frappée sous Constantin (306-337).

1 Magnence, empereur d'Occident (350-353). Petit bronze.

1 Decentius, frère du précédent (351-353). Petit bronze frappé à Lyon.

1 Valentinien Ier (364-375). Petit bronze.

La série de ces monnaies s'arrête ainsi à la veille de l'invasion des barbares. Les désastres qui suivirent cette invasion ne laissèrent plus de place au luxe et au bien-être. Aussi toutes les stations d'eaux furent-elles abandonnées, et leurs sources si bien oubliées dès cette époque, que les plus connues de nos jours n'ont été retrouvées et employées au soulagement des souffrances qui affligent l'humanité, qu'à compter du seizième siècle. Il ne faut donc pas s'étonner qu'aucun souvenir historique n'ait pu servir à faire connaître l'existence des eaux de Bully, dont la découverte récente est due tout entière à l'observation attentive et éclairée du propriétaire de ces sources, qui eurent, paraît-il, leur heure de célébrité et de faveur, à une époque où la civilisation romaine avait pénétré profondément les habitudes sociales de nos pères.

II. — *Bully au moyen-âge.* — *La voie française.* — *Possessions de l'abbaye de Savigny, à Bully, aux dixième et onzième siècles.* — Mais si les eaux de Bully cessèrent d'être fréquentées pendant la longue période qui s'étend du commencement du quatrième siècle jusqu'à nos jours, une œuvre essentiellement romaine continua de subsister sur le territoire de cette localité. C'est la voie antique de Lyon à Roanne, à laquelle les plus anciens documents du moyen-âge donnent le nom de *voie française, via francisca,* soit parce qu'elle conduisait dans l'Ile de France, soit parce que le territoire qu'elle traversait ne fut jamais compris dans les limites de l'Empire. L'existence de cette route au moyen-âge est constatée, à Bully, dans diverses localités portant, dans les chartes et les anciens terriers, le nom de la *Roa* de Bully, des Chazaulx, des Plasses, de l'Erdilly ou Radilleu, de la Rustia, et enfin, au lieu bien connu du Trève, où cette voie se bifurquait, la branche septentrionale se dirigeant vers Saint-Clément-de-Valsonne, pendant que la branche méridionale continuait à remonter la rive gauche de la Turdine, dans la direction de Tarare.

Dès le commencement du dixième siècle, l'abbaye de Savigny possédait de nombreuses terres sur le territoire de Bully. Au mois de septembre 919, l'abbé de ce monastère donne ainsi la jouissance viagère d'une vigne située dans cette localité, à Guichard, à son épouse Vuandalmode et à leur fils Déodat, en retour des libéralités que ces derniers avaient faites à l'abbaye, et à la charge de payer un cens de 10 sous, le jour de la fête de saint Martin.

L'abbaye de l'Ile-Barbe avait aussi des possessions importantes à Bully, notamment un domaine, cultivé par des colons, situé à Apinost (*Apinacus*), et un curtil, jardin clos de murs, avec un verger, une vigne et une terre labourable situés près du village de Bully.

Les terres, vignes, champs et bois, dépendant de ces domaines s'étendaient, d'un côté, jusqu'à une localité (*villa*) appelée Versennay (*Versennacus*), et de l'autre, jusqu'à la Turdine et aux limites du domaine de Talaru, à Saint-Forgeux. Mais, par suite de convenances réciproques, toutes ces terres furent cédées, en 985, à Hugues, abbé de Savigny, par Heldebert, abbé de l'Ile-Barbe, qui reçut en échange d'autres terres plus rapprochées de ce dernier monastère.

Enfin, en l'année 1030, la donation faite à Savigny, par Milon de Colombelle, d'un autre domaine situé à Bully, vint encore accroître les possessions de la puissante abbaye dans cette localité.

III. — *La famille chevaleresque de Bully.* — *Ses armoiries.* — *Itier de Bully.* — *Donation à Savigny.* — *Achard et Hugues de Bully à la première croisade.* — Mais dès cette époque était établie à Bully une ancienne famille chevaleresque qui, suivant l'usage d'alors, avait pris le nom de son fief et dont les armes : *losangé d'or et d'azur*, figurent en tête de cette notice. Itier de Bully, son plus ancien représentant connu, apparaît pour la première fois, comme témoin, dans une charte portant la date du 19 septembre 1064 et renfermant une donation que firent à Savigny Falque d'Oingt et son épouse Adalasie, du tiers de l'église de Marcy-sur-Anse, dédié à saint Bonnet, et du tiers d'une forêt appelée Ardenne.

Itier de Bully figure encore comme témoin dans une autre charte de l'an 1070, contenant un accord entre Dalmace, abbé de Savigny, et le même Falque d'Oingt.

La même année, Itier fit lui-même, avec l'abbé de ce monastère, un traité par lequel il fut convenu qu'il ne percevrait, à l'avenir, à Apinost, sur chacun des curtils appartenant au monastère, aucun autre cens qu'un cochon de lait, valant 6 deniers, avec une émine de vin, la moitié d'un quartal de blé et une poule, le tout payable au commencement du Carême.

Itier de Bully eut quatre fils : Achard, Hugues, Guillaume et Guy. Ce dernier fut reçu moine dans l'abbaye de Savigny. Et ce fut à cette occasion et en vue de sa fin prochaine, qu'à une date qui n'est pas très précise, mais qui doit se placer à la fin du onzième siècle, Itier fit donation à ce monastère, non seulement du cimetière de Bully, qui était situé entre son château et l'église, mais encore de toutes les terres qu'il possédait entre la Loire, l'Azergues et la

Saône, dans le cas où ses trois fils laïques viendraient à mourir sans postérité.

Cette donation, qui comprenait aussi l'église de Bully, avec les dîmes et les terres en dépendant, fut approuvée par les quatre fils d'Itier. Guy, le plus jeune, qui était clerc et qui tenait cette église en fief de son père, en fit remise lui-même à Savigny, au moment où il fut reçu moine dans ce monastère.

Peu de temps après (1100), Hugues, archevêque de Lyon, et les chanoines de son église confirmèrent, de leur côté, la donation, faite à l'abbaye, de l'église de Saint-Polycarpe de Bully.

Après la mort d'Itier de Bully, ses fils ratifièrent de nouveau la libéralité faite par leur père. Deux d'entre eux, Achard et Hugues, prirent part à la première croisade et moururent en Terre sainte. Le troisième, Guillaume, mourut à son tour, sans postérité. Le quatrième, Guy, moine de Savigny, ayant survécu seul à ses trois frères, le monastère put se croire paisible possesseur des biens donnés par Itier de Bully. Mais c'est alors, au contraire, que ses droits allaient être l'objet d'incessantes et longues contestations.

IV. *Etienne de Varennes.* — *Différend avec l'abbé de Savigny.* — *Construction de la forteresse du Péage.* — *Actes de violence.* — *Destruction du Péage.* — D'un second mariage contracté avec une femme répudiée par son mari, Itier de Bully avait eu une fille qui, après la mort de son père, fut épousée par Etienne de Varennes, possesseur du fief de ce nom, situé sur le territoire de la commune actuelle de Saint-Romain-de-Popey. A peine le dernier des fils d'Itier, Guillaume de Bully, était-il mort que, se prévalant des droits fort contestables de sa femme, dont la naissance pouvait être considérée comme entachée d'illégitimité, Etienne de Varennes réclama au monastère toutes les terres qui lui avaient été données par Itier de Bully. Il s'empara même de vive force des biens donnés.

Pour mettre un terme à cette difficulté, Ponce, abbé de Savigny, consentit, par amour de la paix et malgré l'opposition des moines, à abandonner à Etienne trois parts de cet héritage, notamment le cimetière de Bully, ne se réservant que la quatrième part, sur laquelle Guy de Bully, moine de l'abbaye, avait des droits incontestables.

Mais cette concession ne put satisfaire Etienne de Varennes. Non seulement il contraignit le fermier de cette quatrième part de lui rendre hommage, mais il prit ouvertement possession des biens qui la composaient. Il fit plus encore. Son père, Gausmar de Varennes, avait fait construire, sur la rive droite de la Turdine, une maison pour abriter ses troupeaux. Etienne en fit une véritable forteresse, en l'entourant d'une palissade et d'un fossé, et en la flanquant de tours en bois, munies de meurtrières. Et comme cette forteresse était située sur le bord du chemin de Bully à Savigny, il s'en servit pour prélever sur les passants des droits de péage, qui firent donner à cette construction militaire le nom de Péage, qu'elle porte encore aujourd'hui.

Etienne fut cité devant la justice de l'abbaye, pour rendre compte de ces vexations et de ces actes de violence. La sentence qui intervint ordonna qu'il livrerait à l'abbé la possession de sa forteresse du Péage pour être démolie, et que, dans le cimetière de Bully, qu'Etienne détenait injustement, il serait ouvert un chemin pour le chapelain de l'église.

Après avoir refusé pendant longtemps de se soumettre à cette sentence, Etienne livra enfin la maison fortifiée du Péage à l'abbé Ponce. Mais quand ce dernier essaya de faire ouvrir le chemin convenu dans le cimetière de Bully, Etienne chassa les travailleurs. Puis il reprit possession du Péage, en expulsa les hommes de l'abbé, et ravagea impitoyablement les terres du monastère. Il envahit même un oratoire où vivaient six religieux, qu'il chassa de leur retraite.

Pour mettre un terme à ces excès, l'abbé de Savigny sollicita l'intervention de Josserand, archevêque de Lyon. Ce prélat se fit livrer des otages par les deux parties, et ordonna à Etienne de Varennes de comparaître devant la justice pour répondre de ses méfaits. Le tribunal ordonna que le Péage serait remis provisoirement aux mains de l'abbé, en attendant qu'on pût examiner les autres points du différend.

Mais une partie de la forteresse seulement fut remise à l'abbaye. Etienne de Varennes y resta avec sa famille et ses hommes d'armes, et, chaque jour, les serviteurs du monastère furent exposés à ses provocations et à ses menaces. L'abbé Ponce adressa de nouveau ses plaintes à l'archevêque. Mais comme ce prélat tardait de lui rendre justice et que la garde du Péage devenait onéreuse pour l'abbaye, Ponce, sur le conseil et avec l'aide de ses amis, fit démolir la forteresse.

V. *Excommunication de l'abbaye de Savigny par l'archevêque de Lyon. — Intervention du pape Pascal II. — Fin du différend.* — L'archevêque de Lyon, vivement irrité qu'on eût procédé à cet acte de violence sans l'en prévenir, excommunia l'abbé Ponce et ses religieux, et jeta l'interdit sur toutes les églises du diocèse qui dépendaient de l'abbaye. En outre, il retint les otages livrés par cette dernière, pour la contraindre ainsi à rétablir le château démoli, que la charte appelle une caverne de voleurs.

L'abbaye de Savigny, frappée de la peine redoutable de l'excommunication, qui, dans cette circonstance, dépassait incontestablement la mesure, fit appel de cette sentence canonique auprès du pape Pascal II. Mais comme ce recours pouvait subir de longs retards, Bernard, évêque de Mâcon, Bérard, son archidiacre, Guichard de Beaujeu et Guy d'Oingt intervinrent pour amener un accord entre les deux parties.

Par cet arbitrage, il fut décidé que, provisoirement et en attendant la sentence du Pape, le cimetière de Bully serait restitué à l'abbaye, que cette dernière serait remise en possession de la forteresse du Péage, et que la reconnaissance des droits réclamés par Etienne de Varennes demeurait subordonnée à certaines justifications qu'il serait tenu de fournir. En outre, Etienne devait renoncer au péage qu'il avait établi et même était obligé de restituer les sommes qu'il avait ainsi perçues indûment. Enfin, tous les travaux de fortification exécutés depuis que Gausmar, père d'Etienne de Varennes, avait fait hommage à Savigny, devait être détruits, sans pouvoir être jamais rétablis.

Quand le Pape Pascal II put enfin intervenir dans le débat, il n'eut plus qu'à confirmer cet accord. Dans une bulle adressée, en 1117, aux chanoines de l'Eglise de Lyon, pendant la vacance du siège archiépiscopal par la mort de l'archevêque Josserand, le pontife proclama que la tradition des otages était contraire à l'esprit de l'Eglise et que la destruction du château du Péage avait été exécutée justement par l'abbé de Savigny. Il défendit que ce château, ou tout autre, pût être élevé à l'avenir au préjudice de l'abbaye. Ordre fut donné à l'Eglise de Lyon de rendre les otages qui lui avaient été livrés par cette dernière. L'interdiction jetée sur les églises dépendant de Savigny fut déclarée injuste et levée. Le cimetière de Bully fut restitué au monastère, libre de toute charge ou redevance, et tel qu'il lui avait été donné par l'Eglise de Lyon. Enfin le Pape ordonna qu'Etienne de Varennes serait tenu d'exécuter l'accord ménagé par les soins de l'évêque de Mâcon et des autres personnages désignés plus haut, sous peine des condamnations canoniques.

Ainsi fut terminé enfin ce long débat qui jette un jour particulier sur les mœurs et les habitudes sociales de cette époque.

VI. *Derniers représentants de la famille de Bully. — La famille de Varennes. — Ses principales possessions.* — Si la descendance directe d'Itier de Bully s'éteignit avec ses quatre fils, morts sans postérité, cette famille subsista encore, pendant plusieurs siècles, dans ses branches collatérales. Nous voyons ainsi Pierre de Bully figurer, comme témoin, dans une charte de l'an 1121. Ainsi encore, au mois de novembre 1256, Hugues de Bully, damoiseau, se rend caution de l'exécution d'une cession consentie au prieur de Chazay, par Humbert de Bues, chevalier, de toutes les terres, droits et redevances que ce dernier possédait à Marcilly. Enfin, Guillaume de Bully figure encore au nombre des moines de l'Ile-Barbe, entre les années 1468 et 1502.

Quant à Etienne de Varennes, il n'en est plus fait aucune mention, après la solution des longues difficultés qu'il avait eues avec l'abbaye de Savigny. Mais ses descendants demeurèrent pendant de longues années en possession de la seigneurie de Bully, aussi bien que des terres de Varennes, d'Avauges, de Saint-Romain-de-Popey, d'Ancy et de Persange. Il en fut de même du fief de Sandars, près de Châtillon-d'Azergues. Jean de Varennes rendit ainsi foi et hommage, en 1294, à Guy et Guillaume d'Albon, seigneurs de Châtillon, pour la maison de Sandars et ses appartenances, et tout ce qu'il possédait depuis le cours de l'Azergues jusqu'au pont d'Alay. Il reconnut, en même temps, tenir en franc fief ce qu'il possédait dans les paroisses de Saint-Romain-de-Popey, Ancy et Persange, dont il rendit aussi hommage aux frères d'Albon.

Nous retrouvons pareillement la famille de Varennes en possession du château de Courbeville, à Chessy, et de celui de Rapetour, à Theizé.

Enfin, divers documents nous apprennent que cette famille avait sa sépulture dans le cloître de l'abbaye de Savigny.

VII. *Les familles de Jarolles, de Rosset et Amyot.* — Au commencement du quinzième siècle, la seigneurie de Bully avait cessé d'appartenir aux de Varennes, pour passer aux mains de la famille de Jarolles, originaire de Valsonne, en Lyonnais. Jean Jarolles, damoiseau, hérita ainsi, à cette époque, de la terre de la Grange et de celle de Bully, de son neveu, aussi nommé Jean Jarolles et mort sans postérité. (AUBRET, II, 420.)

Comment Bully tomba-t-il ensuite en la possession du seigneur de Beaujeu ? Nous l'ignorons. Ce qui est certain, c'est qu'en 1437, cette terre fut donnée, avec celles d'Arbain et de Marzé, par Louis II, duc de Bourbon, souverain de Dombes et seigneur de Beaujolais, à la famille de Rosset.

Cette dernière famille était une des plus anciennes du Lyonnais, car on constate son existence dès le milieu du douzième siècle, époque à laquelle Girin de Rosset apparaît comme témoin dans une charte de 1134. Dès le commencement du quatorzième siècle, elle était possessionnée dans le Beaujolais. En 1315, Antoine de Rosset, seigneur de Toiry, ayant été fait prisonnier dans une expédition contre les Turcs, Jeannette d'Amanzé, son épouse, emprunta 2,800 florins d'un bourgeois de Villefranche, pour payer sa rançon.

La famille de Rosset a fourni un religieux à l'abbaye de l'Ile-Barbe, Philibert Rosset (1500). Indépendamment des seigneuries de Bully et de Marzé, elle a possédé encore Portebœuf, aujourd'hui Montgré (Gleizé), la Chartonière (Ouilly), Arbain (Arnas), dans le Beaujolais, et, dans la Dombes, Chaneins et Amareins. Cette famille existait encore à la fin du dix-septième siècle.

Mais, dès la fin du siècle précédent, la seigneurie de Bully était possédée par les Amyot, famille consulaire de Lyon. Clément Amyot était, en effet, conseiller de ville en 1531 et 1532. Son fils, Antoine Amyot, fut custode de l'église Sainte-Croix pendant quarante ans, et l'histoire a conservé le souvenir de sa piété et de sa vertu. Ce fut lui qui fut député, en 1582, avec le Père Edmond Auger et Claude de Rubys, pour aller remplir le vœu solennel fait à Notre-Dame de Lorette, pendant la peste qui désola, en cette même année, la ville de Lyon. Enfin, Claude Amyot, seigneur de Chambray, fut lieutenant de la compagnie du duc de Nemours, sous Henri IV.

André Amyot, chevalier, baron d'Albigny, seigneur de Bully, de la Mollière, Layel, Montroman, la Roue, Chambray et Vaumas, conseiller d'Etat en France et conseiller au Conseil de Dombes, fut nommé, en 1650, maître des requêtes au Parlement de Dombes, fonctions qu'il remplit jusqu'à sa mort, arrivée en 1666.

De son mariage avec Antoinette de Bonnay-Vaumair il laissa deux enfants : un fils, nommé François-Olivier, qui mourut jeune, et une fille, Geneviève, qui fut mariée, en 1663, à Daniel Cholier, auquel elle apporta, entre autres terres, la seigneurie de Bully.

VIII. *Les Cholier de Cibeins. — Le château de Bully*. — Daniel Cholier appartenait à l'une des plus anciennes familles de la Dombes; il était fils de Pierre Cholier, échevin de Lyon en 1647, et conseiller en la sénéchaussée et siége présidial de cette ville. Lui-même remplit les mêmes fonctions pendant plusieurs années. Mais, à la suite de l'opposition qu'il fit à l'exécution d'un édit qui établissait de nouvelles taxes dans la ville de Lyon, il fut exilé, en 1673, au port de Pilles-sur-Loire. Il résigna sa charge de conseiller en faveur de son fils, Pierre Cholier, en 1689, et mourut le 28 novembre 1700.

De son mariage avec Geneviève Amyot, Daniel Cholier laissa neuf enfants. Pierre, son fils ainé, qui lui succéda dans la possession des seigneuries d'Albigny, de Bully, du Breuil, Layel, Montroman en Lyonnais, et de Mizérieux et Sainte-Euphémie en Dombes, joua un grand rôle pendant le cours de sa longue existence.

Après avoir été nommé, en 1689, comme nous venons de le dire, conseiller en la sénéchaussée et présidial de Lyon, il devint, la même année, premier conseiller, lieutenant particulier et assesseur criminel aux mêmes sièges, et enfin président de la Chambre de santé en la ville de Lyon, et le zèle avec lequel il remplit ces dernières fonctions lui mérita les éloges du roi Louis XIV.

En 1699, il fut nommé l'un des juges syndics et députés généraux de la Chambre souveraine du clergé de France, syndic de la noblesse de Dombes et assesseur de la juridiction primatiale de Lyon.

En 1705, il fut élevé aux fonctions de président de la Cour des Monnaies, qui venait d'être créée par le roi.

En 1709, il fut envoyé, en qualité de commissaire de Sa Majesté, dans la généralité de Riom, pour mettre un terme aux troubles occasionnés par la disette et la cherté des grains.

De 1716 à 1723, Pierre de Cholier remplit, avec la plus haute distinction, les fonctions de prévôt des marchands de la ville de Lyon. Il dut même remplacer, en cette qualité, le maréchal de Villeroy, gouverneur de cette ville, pendant les moments les plus difficiles. Non seulement il apaisa, par son énergique fermeté, une émeute causée par les désordres financiers de la régence, mais il sut encore sauver Lyon des désastres subis ailleurs par la chute du système de Law, et prévenir l'introduction de la peste qui désolait Marseille.

C'est pendant son administration que furent élevées les façades de Bellecour, où il fit bâtir un hôtel que sa famille habita jusqu'à la Révolution. C'est aussi de son temps que la terre de Cibeins, en Dombes, fut érigée en titre de comté, par lettres patentes du 10 juin 1721. Enfin, après avoir été nommé, en 1729, conseiller d'honneur au Parlement de Dombes, Pierre de Cholier, comte de Cibeins, mourut en 1738.

Il avait épousé, en 1694, Marie-Anne Baronnat, dont les ancêtres avaient exploité, au quinzième siècle, avec Jacques Cœur, les mines de Chessy, de Joux et de Saint-Bel. Il en eut six enfants, cinq filles et un fils, qui lui survécurent.

Son fils, Louis-Hector de Cholier, comte de Cibeins, baron d'Albigny et seigneur de Bully, Montroman et autres places, naquit en 1707 et eut pour parrain le maréchal de Villars. Il fut président à la Cour des Monnaies, sénéchaussée et présidial de Lyon, lieutenant particulier, assesseur criminel, et l'un des juges de la Chambre souveraine du clergé. Il rendit hommage, le 23 juin 1741, pour le château, terre et seigneurie de Bully et leurs dépendances, en même temps que pour la seigneurie de Montroman et une rente noble avec dîme à Chambost.

Louis-Hector de Cholier mourut encore jeune, en 1757. Après sa mort, et le 6 décembre 1758, Louis-Joseph Baroud, avocat au Parlement, rendit foi et hommage pour les fiefs et seigneuries de Bully et de Montroman, en qualité de tuteur datif de ses enfants mineurs.

Louis-Hector de Cholier de Cibeins avait épousé, en premières noces, Marie-Jeanne Hesseler, fille de Barthélemy-Joseph Hesseler, baron de Bagnols et de Marzé, seigneur du Bois-d'Oingt, conseiller d'honneur en la Cour des Monnaies, et de Marguerite Pupil de Cuzieu.

Cette première épouse étant morte sans enfants, il contracta, en 1741, un second mariage avec Antoinette Planelli, fille de Jean-Baptiste Planelli-Mascranni, chevalier, seigneur de la Valette, Charly, Vernaison, du Vivier et Montagneux, et de dame Claudine de Serre.

De ce second mariage il lui naquit cinq enfants. Son second fils, Laurent-Gabriel-Hector de Cholier, né en 1750, lui succéda dans la possession des terres de Cibeins, d'Albigny, de Bully, le Breuil, Layel, Montroman, la Moche, Mizérieux, Sainte-Euphémie et autres places.

Il rendit ainsi hommage, le 20 décembre 1776, pour la terre de Bully, dont il fut le dernier seigneur. Entré jeune aux mousquetaires, il fut d'abord capitaine commandant dans le régiment de cette arme. Il était parvenu au grade de premier chef d'escadron, quand survint la Révolution. Mais, effrayé des excès et de l'anarchie dont il fut témoin, il quitta l'armée le 10 mai 1792 et se retira à Lyon, où il se distingua pendant le siège que subit cette ville en 1793.

Quand Lyon tomba au pouvoir de l'armée révolutionnaire, Laurent-Gabriel-Hector de Cibeins put échapper aux vengeances de la Convention. Mais Couthon se souvint de la valeur qu'il avait déployée contre les assiégeants, en commençant par son hôtel la démolition des façades de Bellecour.

Sous la Restauration, le comte de Cibeins venait d'être nommé par le roi colonel de cavalerie et chevalier de Saint-Louis, quand il mourut, en 1815.

De nos jours, le château de Bully a été possédé, pendant d'assez longues années, par M. Génissieux. Après la mort de ce dernier, il a été acquis, depuis un an environ, par M. Gilet, teinturier à Lyon.

Ce château n'est plus l'ancienne forteresse féodale du onzième siècle, bâtie par les premiers seigneurs de Bully, à une époque de guerres incessantes, où tout était organisé pour la défense et contre les surprises d'un ennemi toujours possible. Sa construction paraît remonter seulement au commencement du seizième siècle. C'est un simple corps de bâtiment carré, à trois étages, flanqué aux quatre angles d'échauguettes cylindriques, couronnées d'un toit en forme de cône. Il offre ainsi une certaine ressemblance avec le château de Bienassis, près de Crémieu (Isère). Une tour octogonale, engagée au milieu de la façade, renferme l'escalier qui dessert les divers étages et qui est éclairé par d'étroites fenêtres, ornées de moulures et d'arcades en accolades.

C'est dans cette tour-escalier que s'ouvre l'ancienne porte d'entrée, surmontée d'un arc ogival et commandée par un moucharabis, placé à la hauteur du troisième étage.

Malheureusement, cette partie du monument a seule échappé aux transformations qu'a subies le château de Bully, à un moment où l'architecture du moyen-âge était encore incomprise et trop méprisée. L'ouverture d'une large porte au rez-de-chaussée et de grandes fenêtres à tous les étages a presque complètement enlevé à cet édifice son caractère architectural. Mais l'intérêt qui s'attache à ce monument historique nous permet d'espérer qu'une restauration intelligente le rétablira, un jour, tel qu'il fut élevé au seizième siècle.

II. — LES ENVIRONS DE BULLY

Arbresle (l'). (4 kil. 700ᵐ.) — Situé sur la route de Lyon à Roanne, qui remonte à l'époque de la domination romaine, l'Arbresle avait sans doute déjà une certaine importance, quand, vers l'année 1060, Dalmace, abbé de Savigny, fit construire son château pour mettre le pays à l'abri des dévastations commises par quelques seigneurs voisins. Ce château, qui occupait tout le sommet de l'éminence au pied de laquelle se réunissent la Brevenne et la Turdine, était flanqué de cinq tours, dont trois subsistent encore en tout ou en partie. Le donjon, qui commande la porte d'entrée, au sud-ouest, a gardé jusqu'à nos jours sa couronne de mâchicoulis. Un autre mur d'enceinte, dans lequel s'ouvraient quatre portes, enveloppa le bourg, qui devint, en quelque sorte, la place d'armes de l'abbaye de Savigny et joua un rôle important au moyen-âge. Là se réunissaient tous les vassaux tenus au service militaire envers l'abbaye. Là, encore, plus d'une famille noble de la contrée établit sa demeure, ce qui nous explique le grand nombre d'écussons armoriés que l'on remarque aux façades des maisons de cette petite ville.

L'église, construite au quinzième siècle, dans le style de la dernière période de l'architecture ogivale, est un monument digne d'intérêt. On y remarque de beaux vitraux de la fin du quinzième siècle. La belle verrière du fond de l'abside fut donnée à cette église, en l'année 1500, par André d'Espinay, archevêque de Lyon, dont elle porte les armoiries. Il subsiste encore, à l'entrée de la ville, du côté de la gare du chemin de fer, une ancienne chapelle du quatorzième siècle, dédiée à sainte Madeleine, et qui était une dépendance de l'hospice, servant autrefois au logement des pauvres et des voyageurs attardés.

Avauges. (6 kil.) — La terre d'Avauges, à Saint-Romain-de-Popey, fut possédée, à l'origine, par la famille de Varennes, qui avait emprunté son nom à un fief voisin. Etienne de Varennes, son premier possesseur connu, vivait en 1274. Elle passa ensuite à la maison de Varey, ancienne et puissante famille consulaire de Lyon, qui joua un grand rôle dans les annales de cette ville. Après Guillaume de Varey, qui était seigneur d'Avauges en 1334, nous trouvons Ennemond de Varey, qui, indépendamment de la terre d'Avauges, possédait aussi la coseigneurie de Châtillon-d'Azergues en 1395. Jean de Varey, son fils, lui succéda dans la possession de ces deux terres. Enfin, en 1553, François de Varey transmit Avauges, par donation, à Guillaume d'Albon. dont les descendants l'ont possédé, sans interruption, jusqu'à ce jour.

Bagnols. (11 kil.) — Le château de Bagnols se compose d'un vaste corps de bâtiment flanqué de deux grosses tours rondes. Sa construction a été attribuée parfois au maréchal de Saint-André. Mais c'est là une erreur ; jamais ce dernier n'a possédé la terre de Bagnols, qui appartenait, de son temps, à Jean Camus, ancien échevin de Lyon. Il fut élevé, au treizième siècle, par Guichard d'Oingt, seigneur de Châtillon-d'Azergues, qui le transmit à ses descendants, avec cette dernière seigneurie. Toutefois, les mâchicoulis qui couronnent sa façade sont une addition du quatorzième siècle.

Bagnols fut possédé successivement par les sires d'Oingt,

les d'Albon, les Balzac et les Camus, et son histoire se confond, pendant plus de quatre siècles, avec celle de Châtillon-d'Azergues. Des Camus il passa, au dix-septième siècle, à François Dugué, intendant de Lyon, dont la fille épousa M. de Coulanges, cousin de Mme de Sévigné. Cette dernière séjourna même quelque temps, en 1672 et 1673, au château de Bagnols, où l'on montre encore la chambre de l'illustre visiteuse. Au commencement du dix-huitième siècle, Barthélemy-Joseph Hesseler succéda aux Dugué dans la possession de Bagnols. Sa fille, Anne Hesseler, l'apporta en dot à Jean-Baptiste-Louis Croppet de Varissan. De cette famille, il passa en celle de Montbellet de Saint-Try, qui le possédait en 1789. Actuellement, le château de Bagnols appartient à M. du Chevalard, ancien préfet.

Châtillon-d'Azergues. (7 kil.) — Malgré son état de ruine, le château de Châtillon-d'Azergues est le monument le plus remarquable de l'architecture militaire du moyen-âge, que possède l'ancienne province du Lyonnais. La partie la plus ancienne de l'édifice, qui fait face à la chapelle, remonte tout au moins au douzième siècle. Au siècle suivant fut élevé le donjon, de forme cylindrique, qui occupe l'angle occidental du château primitif. A la suite se trouvaient les bâtiments d'habitation, construits au quinzième siècle, et dont les belles fenêtres à croisillons s'ouvrent sur la vallée de l'Azergues.

Ce château était possédé, au onzième siècle, par la famille de Châtillon, qui lui emprunta son nom. Au siècle suivant, il passa aux mains des sires d'Oingt. L'un d'eux, Etienne d'Oingt, accorda une charte de franchise aux habitants de sa seigneurie, au mois d'avril 1262 (n. st.). En 1288, les d'Albon succédèrent, par alliance, aux sires d'Oingt. Une autre alliance transmit Châtillon à la famille de Balzac, au milieu du quinzième siècle. Claude Léviste, veuve de Geoffroy de Balzac, l'apporta en dot, en 1516, à son second mari, Jean de Chabanne, qui mourut glorieusement à la bataille de Rebec (1524). Châtillon fut possédé ensuite par les familles Robertet, Camus, Dufournel, Inguimbert de Pramiral et Durand. Simon-Jean-César Durand en était seigneur en 1789. Sa fille, Antoinette Durand, apporta cette terre en dot à Pierre Anne, marquis de Chaponay, seigneur de Morancé, premier page de la comtesse d'Artois en 1780 et lieutenant-colonel de cavalerie sous la Restauration. Leur fils aîné, César-François, marquis de Chaponay, a possédé jusqu'à sa mort, arrivée en 1881, ce qui reste du château de Châtillon.

A côté du château se trouve une belle chapelle romane du douzième siècle, qui signale au loin son clocher à flèche aiguë, et qui a été classée au nombre des monuments historiques. On remarque, à l'extérieur, son abside en encorbellement et sa façade, bâtie à la fin du quinzième siècle, dans le style ogival de cette époque. A l'intérieur, ce monument est divisé en deux étages par un simple plancher. La chapelle supérieure, dédiée à saint Barthélemy, servit d'église paroissiale jusqu'en 1722. La chapelle supérieure, placée sous le vocable de Notre-Dame de Bon-Secours, était réservée à l'usage du château. On y remarque un bénitier de style romain, portant une curieuse inscription en grec, une fresque du peintre Lavergne, représentant Notre-Dame de Bon-Secours soulageant les douleurs des malades et des affligés ; le maître-autel, décoré de remarquables peintures d'Hippolyte Flandrin, une statue de la Vierge, en marbre, due au ciseau du sculpteur Fabisch, et dans un oratoire, à gauche de la nef, la pierre tombale de Geoffroy de Balzac, seigneur de Châtillon et *premier varlet de chambre du roy Charles VIII*, mort le 9 janvier 1509. — (V. pour de plus amples renseignements la notice que nous avons publiée sous ce titre : *Le château de Châtillon-d'Azergues, sa chapelle et ses seigneurs*. — Lyon. Aug. Brun, libraire. 1883. In-8º.)

Chessy. (6 kil.) — Dès la fin du dixième siècle, Chessy devint une dépendance de l'abbaye de Savigny, qui fit entourer le bourg d'un mur d'enceinte et bâtir le château qui le domine. De ce château il subsiste encore des restes importants, et notamment une belle tour à six étages, de forme cylindrique. En 1272, Amédée de Roussillon, abbé de Savigny, concéda à ce bourg une charte de franchises, qui ressemble sur beaucoup de points à celles qu'Etienne d'Oingt avait accordées à Châtillon, dix ans auparavant.

L'église, construite en 1485, se trouve dans un assez bon état de conservation. Elle est à trois nefs et éclairée, du côté du midi, par de larges fenêtres du style flamboyant. Le porche, placé devant la façade, est supporté par des colonnes du seizième siècle. A l'intérieur, on remarque un fort joli bénitier, dans le style de la Renaissance, qui se compose de quatre colonnes torses, reposant sur un piédestal et supportant une vasque octogonale, d'une forme assez élégante. Une inscription gravée autour de cette vasque nous apprend que ce bénitier fut fait, le 30 janvier 1525, par *Jehan Gerba, masson de Cheyssi*. C'est près du château de Baronnat, l'un des deux anciens fiefs du pays, que se trouve une des mines de cuivre les plus importantes de France. Cette mine, que posséda Jacques Cœur au quinzième siècle, était exploitée déjà du temps des Romains.

Courbeville (7 kil.). — Le château de Courbeville, à Chessy, était, au XVIIe siècle, l'habitation la plus pittoresque de la vallée de l'Azergues. Aujourd'hui il n'en subsiste plus qu'un corps de bâtiment, surmonté d'une tour ronde et portant encore, au sommet de sa façade, les consoles de ses anciens mâchicoulis. Ce château fut possédé d'abord par la famille chevaleresque de Varennes, dont plusieurs membres prirent part aux expéditions des croisades. Etienne de Varennes, son premier possesseur connu, vivait en 1272 et en fit hommage en 1294. Il le transmit à son neveu, Henri de Varennes, qui testa en 1355 et dont les descendants le gardèrent pendant près de trois siècles. Jean de Varennes, l'un d'eux, écuyer de Jean, duc de Bourbon, fut nommé gouverneur de Thizy, en 1743. Après Antoine de Varennes, mort en 1615, Courbeville fut possédé par la famille de Saillans, qui le vendit, en 1586, à Gaspard Cachot. Du fils de ce dernier, Charles Cachot, échevin en 1714, il passa à Jean Gardel, qui en fit hommage en 1725. Après avoir été possédée pendant quelques années par Jacques Courtois et ses descendants, cette terre fut acquise, en 1772, par Pierre Guilloud, qui en rendit hommage en 1777 et la céda, à son tour, à Gabriel Bedin, au commencement de ce siècle.

Dorieux. (10 kil.) — Dorieux, autrefois Deurieux, doit son nom à sa situation au confluent de la Brevenne et de l'Azergues. Mais il n'a conservé de son importance passée que les ruines de son vieux pont et le souvenir de son ancien monastère.

C'est sur ce pont, de construction romaine, que passait autrefois une voie antique fort importante, qui portait le nom de voie des quadriges *(via quadrigarum)*. Remplacé depuis longtemps par un pont moderne, il n'en subsiste plus qu'une belle arche, remarquable par sa hardiesse.

Au commencement du treizième siècle, Guichard d'Oingt, seigneur de Chatillon-d'Azergues, fonda à Dorieux un monastère de Bénédictines, destiné aux dames de noble famille. Mais, au dix-septième siècle, ce couvent, ayant perdu tous ses revenus et ne comptant plus que quatre religieuses, fut réuni, en 1636, avec tous ses biens, au monastère de Sainte-Marie de l'Antiquaille. Il ne reste plus, aujourd'hui, aucune trace des bâtiments de ce monastère, non plus que de son église, dédiée à saint Jacques et à saint Philippe, qui avait encore rang de paroisse à la fin du quinzième siècle.

Maladière (la). (3 kil.) — Sur la rive gauche de la Turdine et sur la route conduisant de la gare de Saint-Romain-de-Popey à Sarcey, on remarque un petit oratoire placé sous le vocable de Notre-Dame de la Maladière. Cet édicule nous rappelle une ancienne léproserie, qui existait autrefois sur son emplacement. Au moyen-âge, la maladie de la lèpre était si répandue en France, qu'il fut construit 2,000 hôpitaux pour servir d'asile aux lépreux, qui étaient impitoyablement séparés du commerce des hommes. Mais aucun de ces hôpitaux n'a subsisté jusqu'à nous. L'horreur qu'inspirait la maladie de la lèpre était si grande que, lorsqu'elle disparut, personne n'eût osé se servir des bâtiments dans lesquels avaient été enfermés les lépreux. Partout ils furent entièrement démolis, et c'est ainsi qu'une simple croix, comme à Millery (Rhône), ou un humble oratoire, comme à Saint-Romain-de-Popey, nous ont seuls conservé le souvenir de ces établissements charitables.

Miolan. (7 kil. 400ᵐ.) — Miolan n'est plus, aujourd'hui, qu'un humble hameau de la commune actuelle de Pontcharra. Mais au temps de la Gaule indépendante et même sous la domination romaine, c'était un de ces *Mediolanum* où se réunissaient, à des époques périodiques, les délégués des populations voisines, pour délibérer en commun sur les intérêts du pays. Autrefois la voie romaine, appelée plus tard la voie française, passait à Miolan, et la découverte qu'on y a faite de constructions romaines et de divers objets antiques a confirmé l'importance qu'avait autrefois cette localité. C'est là, d'ailleurs, qu'on doit placer la station de *Mediolanum* qui figure, sur la carte de Peutinger, entre Lyon et Roanne, comme l'a démontré, par le calcul des distances, M. Vincent Durand, dans un savant travail publié dans le premier volume des Mémoires de la Société de la Diana.

Péage (le). (1 kil.) — Le Péage n'est plus actuellement qu'une simple ferme. Mais les tours, qui flanquent aux quatre angles cette ancienne maison-forte et son enceinte rectangulaire, apprennent déjà aux visiteurs qu'elle eut une certaine importance au temps de la féodalité. A la fin du onzième siècle, ce n'était qu'une simple maison des champs, que Gausmar de Varennes, possesseur du fief de ce nom, avait fait bâtir pour abriter ses troupeaux, et qui fut transformée en une véritable forteresse par son fils, Etienne de Varennes, pour molester l'abbaye de Savigny et percevoir, sur les voyageurs et les marchandises, un droit de péage auquel cette construction militaire doit son nom. On a vu le rôle important que joua le Péage pendant la longue querelle qui s'agita entre l'abbaye et Etienne de Varennes. La démolition ordonnée par la sentence arbitrale, qui mit fin au différend, n'avait pour objet que les fortifications élevées par ce dernier, depuis l'hommage rendu par son père à Savigny. Et c'est ainsi que cette ancienne maison-forte a subsisté jusqu'à nos jours.

Le principal corps de bâtiment, servant d'habitation, a été reconstruit, en 1587, dans le style de l'époque, comme nous l'apprend la date gravée sur l'une des portes d'entrée. C'est aussi à cette même époque qu'appartient une cheminée monumentale, dont le manteau est supporté par deux belles colonnes engagées, que couronnent des chapiteaux feuillagés. La pièce dans laquelle existe cette cheminée est une de ces vastes salles, comme il en existait dans tous les châteaux féodaux, qui étaient le centre, le local commun, où le maître du manoir recevait ses vassaux et prenait ses repas.

Sur le linteau d'une porte, faisant communiquer cette salle avec une pièce voisine, ont été peintes les armes des d'Albon : *de sable, à la croix d'or*, avec celles des Damas : *d'or à la croix ancrée de gueules*. Ces armoiries, qui nous révèlent une alliance, sont celles de Gaspard d'Albon, chevalier, marquis de Saint-Forgeux, baron d'Avauges, seigneur de Vindry, de Varennes, de la Grange et autres places, nommé maître de camp d'un régiment de pied en 1635, qui épousa, le 17 janvier 1646, Françoise Damas de Thianges, et mourut en 1683, après avoir passé la plus grande partie de sa vie au service du pays, dans les armées du roi.

Popey (Montagne de). (6 kil.) — Cette montagne, qui domine le village de Saint-Romain-de-Popey, et qui se fait remarquer par sa forme conique, assez régulière, s'élève à une altitude de 606 mètres. En 1203, Richard, abbé de Savigny, en fit cession à Guichard IV de Beaujeu, avec la faculté d'y construire un château-fort, pour l'entretien duquel il fut attribué à ce dernier les revenus de Saint-Romain et d'Ancy, des biens à Vavre et la moitié de la dîme de Bully. Cette forteresse devait compléter le système de défense qui protégeait l'abbaye de Savigny et se composait des châteaux de l'Arbresle, de Mombloy, de Sain-Bel et de Montrotier. Ce château a été démoli à une époque inconnue; mais il en subsiste encore des constructions assez importantes.

Sain-Bel. (6 kil.) — Sain-Bel *(Sanum Bellum)* doit son nom à la salubrité de son territoire, en même temps qu'à l'agrément de son site. L'abbaye de Savigny fit élever son église au onzième siècle. C'est à elle aussi qu'est due la construction de son château, qui devait, à l'origine, servir à la défense du monastère, mais qui devint, à compter du quinzième siècle, la maison de plaisance des abbés. Les habitants de Saint-Pierre-la-Palud, de Sourcieux et de Chevinay étaient tenus à la garde et réparation de ce château, en vertu d'une sentence du Parlement de Paris, de l'année 1381. En 1415, Guichard d'Albon reçut du bailli de Mâcon, au nom du roi, l'ordre de fortifier le château de Sain-Bel et d'y mettre garnison, pour réprimer les déprédations commises par les Anglais et les Bourguignons qui désolaient le pays. Dans l'une des vastes salles de ce château, on remarque une cheminée monumentale. Au commencement du dix-septième siècle, le peintre Stella avait décoré plusieurs de ces salles de scènes bibliques, aujourd'hui effacées. Les mines de cuivre de Sain-Bel ont été exploitées, au quinzième siècle, par Jacques Cœur, comme celles de Chessy.

Sandars. (8 kil.) — Cette ancienne maison-forte, située sur la route de Châtillon à Chessy, se fait remarquer au loin par son élégante tourelle. Son plus ancien possesseur connu, Etienne de Varennes, vivait en 1272. Son fils, Jean de Varennes, qui lui succéda, en rendit hommage, en 1302, à Guy et Guillaume d'Albon, seigneurs de Châtillon, du chef de leurs femmes, Marguerite et Eléonore d'Oingt, sans tenir compte des droits de suzeraineté d'Henri d'Albon, héritier des droits qu'André d'Albon, leur père, possédait sur la terre de Châtillon. Cet oubli fut considéré par Henri d'Albon comme une offense, dont il demanda réparation les armes à la main. Guy et Guillaume armèrent, de leur côté, les vassaux et leurs amis, et les deux partis en vinrent aux mains. Henri d'Albon fut vaincu et son fils aîné, Simon, fait prisonnier. Mais des amis communs s'interposèrent et parvinrent à terminer le différend par une transaction.

Sandars demeura aux mains des de Varennes jusqu'au milieu du quinzième siècle, époque où il passa à la maison de Faverges, qui possédait aussi la seigneurie du Breuil. A cette famille succédèrent les Rébé, qui étaient seigneurs de Sandars à la fin du seizième siècle. Un siècle plus tard, ce fief avait passé aux mains de Jean Gaspard, qui le céda, en 1691, avec Châtillon et ses autres terres, à Maurice Dufournel et, depuis cette époque, il ne cessa point d'appartenir aux seigneurs de Châtillon.

Savigny. (4 kil. 700^m.) — Bâti en amphithéâtre, dans un gracieux vallon, arrosé par le ruisseau de Trézoncle, Savigny fut habité dès l'époque romaine, comme en témoigne un beau cippe antique, placé à l'angle d'une maison de la place de ce village. Mais cette localité est surtout connue par sa célèbre abbaye de moines bénédictins, fondée au septième ou au huitième siècle, et déjà florissante sous le règne de Charlemagne. En 939, ce monastère fut saccagé par les Hongres. Mais, après ce temps d'épreuve et pendant tout le cours du moyen-âge, Savigny parvint à un haut degré de puissance et de richesse. Enrichi surtout par les nombreuses donations déterminées par la terreur qu'inspirait l'approche de l'an mille, il fonda de nombreux prieurés dans les provinces du Lyonnais, du Forez et du Beaujolais. Les principaux étaient ceux de Courzieu, de Montrotier, de Tarare, de Ternant, de Mornant, d'Ancy, de Marcy-sur-Anse, d'Arnas, de Saint-Nizier-d'Azergues, de Saint-Clément-sur-Valsonne, de Randans, de Salt-en-Donzy et de Noailly. Le prieuré de Talloires, sur les bords du lac d'Annecy, dépendait aussi de Savigny.

La décadence de l'abbaye commença, au seizième siècle, quand elle fut gouvernée par des abbés commendataires, non tenus à résidence. Elle était presque consommée quand, en 1780, une bulle du pape, précédant de bien peu d'années la Révolution, partagea ses biens entre les monastères de religieuses de Leignieu, d'Alix et de l'Argentière.

Des trois églises que possédait autrefois Savigny, il ne subsiste plus aujourd'hui que celle de Saint-André, devenue paroissiale depuis la Révolution, mais qui sera prochainement remplacée par une nouvelle église, dont la construction s'achève en ce moment. Cette église fut construite au onzième siècle, mais le chœur, voûté et de style ogival, ne fut bâti qu'au treizième siècle. On y remarque un bénitier, orné de curieuses sculptures. Près de cette église existe encore une belle porte ogivale de la maison abbatiale. Partout ailleurs on ne trouve que ruines et dévastations. De la grande église de Notre-Dame, élevée au onzième siècle, par l'abbé Dalmace, il ne subsiste plus qu'un mur de la nef de gauche jusqu'au transept. La tour de l'horloge a perdu sa couronne de créneaux, la chapelle de la Vierge noire a été transformée en entrepôt, et il faut pénétrer au fond d'une cour pour retrouver quelques arcades du cloître et l'abside de l'église de Saint-Martin. Mais ces débris du passé sont si nombreux à Savigny, et les restes mutilés de ses monuments offrent tant d'intérêt, qu'ils suffisent pour nous faire comprendre à quel degré de splendeur s'éleva l'antique abbaye, et l'influence qu'elle dut exercer sur les générations du moyen-âge.

Tarare. (14 kil.) — L'histoire de Tarare, comme celle de nos villages et de la plupart de nos petites villes, ne commence qu'au dixième siècle, car ce n'est que dans une charte de l'an 954, que son nom apparaît pour la première fois. Ce n'était point alors, pourtant, une localité sans importance. Tarare était, en effet, à cette époque le chef-lieu d'une circonscription administrative, appelée *ager Taradrensis*, et l'abbaye de Savigny y avait fondé un prieuré duquel relevait la seigneurie du lieu. Pourtant, à côté du monastère, nous trouvons une famille de nobles feudataires qui, suivant l'usage du temps, avait pris le nom de son fief ou de son origine. Mais si cette famille des sires de Tarare fut jamais en possession de la seigneurie de ce bourg, ce fut à une époque bien reculée, car les plus anciens documents nous la montrent possessionnée seulement dans son voisinage.

Tarare vécut ainsi paisiblement sous la domination paternelle du monastère de Savigny, jusqu'à la fin du siècle dernier. Son histoire devient alors celle de l'industrie qui fait aujourd'hui sa gloire et sa fortune. C'est à cette époque, en effet, qu'un de ses enfants, Georges-Antoine Simonet, introduisit à Tarare la fabrication de la mousseline. Ses premiers essais ne furent point stériles. Après lui, d'autres poursuivirent son œuvre, et la science moderne leur vint en aide pour donner à la manufacture de cette ville la perfection que rêvait son créateur, et qui rend aujourd'hui ses produits sans rivaux sur les marchés européens.

La population de Tarare, qui s'élève actuellement à près de 20,000 habitants, n'était que de 1,500 âmes à la fin du siècle dernier. En 1720 son importance était bien moindre encore, puisque l'on y comptait seulement 229 feux, c'est-à-dire environ 1,150 habitants. Cette ville nous fournit ainsi un nouvel exemple du développement rapide qu'acquiert de nos jours une cité, quand une industrie prospère s'y établit. Comme toutes les villes dont le passé est récent, Tarare ne possède aucun ancien monument. Mais ses belles fabriques, son grandiose viaduc et sa situation pittoresque présentent assez d'intérêt pour mériter une visite des curieux et des étrangers.

Bibliographie. — Cartulaire de Savigny. — Archives du département du Rhône. Registre des fois et hommages. C. 397. — Huillard Bréholles. Inventaire des titres de la maison ducale de Bourbon. — Aubret. Mémoires pour servir à l'histoire de Dombes. — Guichenon. Histoire de la souveraineté de Dombes. — Le Laboureur. Mazures de l'Isle-Barbe. — Recueil des mémoires et documents publiés par la Société de la Diana. — Revue du Lyonnais. 2ᵉ série, VI. 177 et s. — Debombourg. Atlas historique du département du Rhône. — Album du Lyonnais. — Poyet. Documents pour servir à l'histoire des mines des environs de Lyon. (Mémoires de l'Académie de Lyon. Classe des sciences. Année 1861.) — Gonin. Monographie de l'Arbresle. — Bedin. Le fief de Prosny. — Ogier. La France par cantons, etc.

Besançon. — Imp. F. RAMEAUX-MAYET.

www.ingramcontent.com/pod-product-compliance
Lightning Source LLC
LaVergne TN
LVHW051503090426
835512LV00010B/2321